연금 부자 되는 에너지 투자

연금 부자 되는 에너지 투자

ENERGY INVESTMENT

연금 부자 되는 에너지 투자

AI, 반도체,
로봇 산업이 주목하는
넥스트 텐 배거 섹터

권효재 지음

21세기북스

미래를 위한 선택, 에너지 투자

2026년 1월, 딴 나라의 꿈같은 이야기로 생각했던 코스피 5000이 달성되면서, 한국인의 '최애' 투자 대상이 부동산에서 주식으로 바뀌었다는 뉴스가 들립니다. 한편에서는 평균 수명이 길어지고 노년기가 길어지면서 은퇴 이후의 삶의 준비에 대한 고민도 깊어지고 있습니다. 개인적으로도 제가 30년 전에 본 조부모님들의 80대와 지금 제 부모님들의 80대는 차이가 큽니다.

하지만 퇴직 후 건강하게 삶을 즐길 수 있는 시간이 주어져도 충분한 재원이 없다면 긴 노후는 축복이 아니라 저주가 될 수 있습니다. 30년이 흘러 제가 80대가 되면 평균 수명이 100세가 넘을 테니, 안정된 노후를 위한 연금 투자는 매우 중요합니다. 하지만 바쁜 일상에서 노후 준비는 자꾸 까먹는 숙제와 같죠.

국민연금이나 퇴직금은 법적으로, 의무적으로 해야 하는 것이지만, 이걸로는 충분하지 않습니다. 그래서 많은 사람이 개인적으로 연금을 준비합니다. 저도 2002년부터 연금 상품에 가입해서 일정액을 불입했습니다. 연말정산 때문에 시작했지만, 막상 무슨 상품을 어떻게

가입하고 관리해야 할지는 잘 몰랐습니다. 디폴트 옵션이 무엇인지도 몰랐어요. 그저 금융기관에서 잘 운영하리라 생각했었습니다.

그런데 14년이 지난 2015년에 수익률을 점검해보고는 깜짝 놀랐습니다. 연 평균 수익률이 1% 수준이었던 것입니다. 그때 확실히 깨달았습니다. 원금 보존을 약속한 예금이나 국공채에만 투자하면 마음은 편할지 몰라도, 그런 상품의 수익률은 물가인상률도 따라가지 못한다는 사실을 말이죠. 게다가 펀드 수수료까지 지불하면 남는 게 정말 없습니다.

이는 연금 관련 은행, 증권, 보험 모두 동일합니다. 그 이후 운용사를 바꾸고, 상품을 바꾸면서 적극적으로 10년을 운용했지만, 여전히 제 개인 연금의 누적 연평균 수익률은 4% 수준입니다. 매년 물가가 3%씩 올랐다고 가정하면 사실상 원금만 남은 꼴입니다.

연금 투자를 잘해서 연금 부자가 되는 건 긴 인생을 고려할 때 정말 중요한 일이지만, 일반적인 투자와는 조금 결이 다른 접근이 필요합니다. 2026년 1월 코스피는 한 달 수익률 24%를 기록했습니다. 제 기억이 맞는다면 연간 수익률로 이 정도 수치를 기록한 일은 드뭅니다. 더욱이 한 달 만에, 한국 경제 정도 되는 덩치의 주식 시장이 이렇게 급등하는 건 정말 드문 일입니다.

한 달 혹은 길어야 몇 달을 바라보는 투자자라면 이런 급등은 반갑고 이익 실현을 하기도 좋지만, 연금 투자 입장에서는 더 긴 호흡과 전망이 필요합니다. 지금 장이 좋다고 해서 특정 섹터, 특정 상품에 재원을 집중하면 향후 급락 혹은 폭락장에서 크게 손해를 볼 수 있기 때문입니다. 또 시장의 움직임이란 지나고 보면 너무나 명확하지만, 당시에는 당장 내일 시장도 알 수 없는 게 현실입니다. 그러므로 수십 년을 투자해서 그 성과로 수십 년의 생계를 감당해야 하는 연금 투자는 당장의 수익률보다는 더 큰 그림과 전략이 필요합니다.

시대마다 주도주나 섹터가 있었고, 더 크게는 메가 트렌드가 있었습니다. 투자의 본질은 더 중요하고 더 필요하며 더 많은 사람이 찾는 기업과 자산에 자원을 배분하는 일입니다. 세상을 바꾸고 사람들의 필요를 충족시키는 기술과 혁신에 돈을 넣으면, 당장은 굴곡이 있고 일부는 망해서 사라지더라도, 인내심을 가지고 기다리면 결국 큰 성과로 돌아옵니다.

2000년 IT 버블이 꺼지면서 수많은 인터넷 기업들이 사라졌지만, IT 기술에 기반한 플랫폼 경제는 지속적으로 일상을 바꾸고, 경제를 바꾸고, 마침내 문명의 모양까지도 바꾸었습니다. 이제는 인터넷이 1분이라도 끊기면 불편하고, 스마트폰을 쓸 수 없는 세상을 상상하기도 어렵습니다. 아이폰이 등장한 2008년 이후 아직 20년도 지나지 않았지만, 애플과 알파벳 등 빅테크들이 전 세계에서 가장 돈을 많이 벌고, 가장 가치 있는 기업으로 자리잡고 있습니다.

● 연금 투자, 에너지 전환에 주목하라

연금 투자자에게는 두 가지 선택지가 있습니다.

하나는 채권, 주식, 리츠 등 여러 자산에 자금을 분산하고 지수 위주로 한 번 더 분산하는 방식입니다. 경제 상황에 따른 변동이 있더라도 안정적으로 수익을 기대할 수 있는 고전적인 전략입니다. 하지만 이 경우 기대할 수 있는 수익률은 시장 평균에 근접합니다. 인플레이션까지 감안하면 인내한 시간 대비 누릴 수 있는 은퇴 이후 삶의 질은 기대 이하일 가능성이 큽니다.

또 다른 선택은 메가 트렌드를 적극적으로 파악하고 좀 더 많은 자산을 배분하여 초과 수익을 기대하는 전략입니다. 여기서의 메가 트렌드는 매년 유행을 타는 투자 핫이슈를 넘는 수준의 큰 흐름을 의미합니다. 문명과 인류 전체에 영향을 주는 흐름이죠. 이런 관점에서 기후위기와 에너지 전환은 중요한 메가 트렌드입니다.

진부한 표현이 되었지만, 실제로 기후위기는 심화되고 있습니다. 지구의 평균 기온은 산업화 이전 시대 대비 1.4도 정도 상승했고, 지역별 편차를 감안하면 어떤 국가, 지역, 도시는 2~3도 이상 기온이 상승했습니다. 기후가 안정적이던 시기에 건설된 사회 인프라의 수용 한계를 넘어서는 이상기후 현상이 거의 매년 반복되어 '극한기후'라는 표현이 보편화되었습니다.

여름은 더욱 더워지고 겨울을 더욱 추워지고 있으며, 여름 장마는 짧아지고 봄에 비가 자주 오기 시작했습니다. 기온 상승에 따른 기후위기는 1차적으로는, 안정된 기후에 의존하는 농업에 심대한 타격을 주기 시작했습니다. 2차적으로는, 극한기후의 잦은 내습이 연안 지역을 중심으로 자연재해의 피해를 몇 곱절 늘릴 것입니다. 일부 국가들에서는 회복력을 넘는 수준의 심각한 가뭄, 폭우, 혹한, 폭염 등으로 사회체제가 무너지고 많은 난민이 발생하게 될 것입니다. 기후위기는 안정된 국제정치 질서와 교역 구조를 흔드는 불확실성으로 작용하기 시작했습니다.

기후위기는 이제 시작입니다. 물론 인류가 손을 놓고 있는 것은 아닙니다. 기후위기 문제의 핵심은 에너지 문제입니다. 인간이 배출하는 온실가스가 너무 많아서 자연이 흡수할 수 있는 범위를 넘어선 게 기후위기 문제의 핵심 원인이므로, 온실가스 배출을 줄여야 합니다. 인류가 배출하는 온실가스의 70% 이상이 에너지 생산, 유통, 사용과 연관되어 있으므로, 지금 많이 사용하는 에너지를 바꿔야 합니다. 화석연료 중심의 에너지 시스템에서, 온실가스 배출이 거의 없는 에너지 시스템으로의 전환이 필요합니다.

이 '에너지 전환'은 기후위기 대응의 핵심이자 중심입니다. 앞으로 수십 년 동안 우리는 많은 변화를 겪게 될 것입니다. AI의 발전, 패권 경쟁, 저출산 고령화 등이 변화를 촉발하고 가속화하겠지만, 기후위기와 에너지 전환도 우리 삶에 지대한 영향을 끼칠 것입니다.

그래서 연금 투자를 고민한다면 기후위기 문제와 이를 대응하기 위한 에너지 전환에 주목해야 합니다. 에너지 전환을 위해 진행되는 각종 기술 개발, 진흥 정책, 기업들 간의 경쟁, 규제 도입 등은 향후 거의 모든 영역의 투자 성과에 영향을 미칠 것입니다.

에너지 전환을 지향하는 투자는 연금 투자자의 수익률 향상이라는 목적 이외의 중요한 의의도 있습니다. 사람들이 살기 좋은 기후는 공공재입니다. 우리는 공기가 없으면 1분도 살 수 없지만, 공기는 돈을 주고 산 게 아닙니다. 지구의 대기권에 주어진 혜택입니다.

안정된 기후도 그렇습니다. 그동안 우리는 안정된 기후라는 공공재를 활용해서 농사를 짓고 공장을 돌리고 아이들을 키웠지만 이제 그 공공재가 고갈되고 있습니다. 앞으로 기후위기가 더 심화한다면, 이미 지금 태어나는 아이들의 수명은 100세 시대라는 말과는 어울리지 않을지도 모르겠습니다. 여름에는 40도가 넘는 날들이 한 달 이상 지속되고, 가뭄은 몇 달 동안 지속되며, 수시로 슈퍼 태풍이 불어오는 환경은 미래 세대에게 커다란 짐이 될 것입니다.

우울한 전망이지만, 기후위기 때문에 미래의 농업 시스템이 충분한 식량을 공급하지 못하고, 그로 인해 먹고살기 위한 치열한 투쟁과 전쟁이 보편화된 대격변의 시대가 도래하리라는 의견도 있습니다. 과거 등장하고 사라진 여러 문명의 기억은 이런 전망을 기우라고 치부할 수 없게 만듭니다.

기후위기는 반드시 막아야 하며, 이는 우리의 도덕적 책임입니다. 우리는 자녀들이 더 좋은 환경에서 더 좋은 교육을 받을 수 있도록 수고를 아끼지 않고, 많은 돈과 시간을 투자합니다. 그러나 정작 자녀들이 누려야 할 안정된 기후라는 공공재에 대한 투자에는 인색합니다. 그 피해는 다음 세대 모두에게 돌아갑니다.

아이들을 위해서라면 비록 돈이 되지 않더라도 시간과 돈을 써야 합니다. 기후위기 대응과 에너지 전환을 위한 투자는 재정적으로도 더 나은 선택이 될 수 있으므로 이는 양자택일의 문제라거나 희생의 문제는 아닙니다.

　에너지 전환을 가속화하기 위해서는 더 많은 재원이 투자되어야 합니다. 장기간 인내심을 가지고 투자한다면 큰 성과를 기대할 수 있습니다. 나의 윤택한 노후를 위한 투자가 미래 세대의 삶도 지켜낼 수 있습니다. 그래서 더 많은 연금 투자자들이 에너지 전환을 고려한 투자 전략을 세우고 실행해야 합니다. 미래를 함께 여는 현명한 투자의 길이 여기에 있습니다.

2026년 3월

권효재

1장

전기화 시대의 투자: 에너지 전환의 자산 재배치

철도와 석유가 남긴 교훈

● 좋은 투자 대상의 두 가지 요건

"투자의 본질은 자본과 자원의 적절한 배치"라는 격언이 있습니다. 시대가 필요로 하는 재화와 서비스가 개발되고 보급되기까지는 시간과 비용이 소요되는데, 초기 단계에서 마중물을 대는 것이 투자의 핵심 역할이라는 의미입니다. 아직 시장이 충분히 형성되지 않았지만, 미래에 사회 전반의 구조와 생활 방식을 바꿀 잠재력을 지닌 영역이 무엇인지 사전에 알고, 자본을 선제적으로 투입할 수 있다면 큰돈을 벌 가능성이 높아집니다.

그렇다면 어떤 재화와 서비스가 좋은 투자 대상, 즉 1의 투자를 통해 10, 100의 효과와 수익을 낼 수 있는 대상일까요?

좋은 투자 대상은 두 가지 요건을 만족해야 합니다. 첫째는 높은 잠재력입니다. 대표적인 예로 신약 개발을 생각할 수 있습니다. 불치병을 치료할 수 있는 신약 개발은 막대한 자본과 긴 연구 기간을 필요로 합니다. 성공 가능성도 매우 낮아, 수천 개의 후보 물질 가운데 극소수만이 살아남아 시판 허가를 받습니다. 이 때문에 신약 개발은 위험이 큰 투자지만, 불치병을 치료하는 약이 등장하면 누구나 찾게 됩니다. 신약 개발이 성공하면 질병의 치료로 인한 사회적 편익 증가와 함께 투자에 대한 보상도 발생합니다.

잠재력이 뛰어난 투자 대상은 분명 매력적인 후보이지만, 조건이 하나 더 필요합니다. 잠재력이 발휘된 후에도, 충분한 기간 동안 안정적인 시장 지위를 유지할 수 있어야 합니다. 신약 개발 사례로 보면, 특허를 통해 일정 기간 독점적 지위가 보장되어야 한다는 뜻입니다. 특허로 권리를 보호받지 못한다면, 불치병 치료제가 시장에 등장하자마자 카피 약이 쏟아져 나올 것이고, 막대한 자본과 시간을 투입해 치료제를 개발한 회사는 원가도 회수하지 못할 수 있습니다.

결국 좋은 투자 대상이란, 성공할 경우 거대한 잠재력으로 많은 사람의 삶을 좋은 방향으로 바꾸고, 생산성과 효율을 획기적으로 끌어올리며, 동시에 경쟁으로부터 어느 정도 보호받을 수 있는 안전장치를 가지고 있어야 합니다.

시대를 바꾼 메가 트렌드, 철도

이 두 가지 조건을 충족하며 시대를 바꾼 메가 트렌드를 살펴보겠습니다. 첫 번째는 철도입니다. 오랜 세월 인류는 안정적으로 대량의 물자를 수송하는 문제를 풀지 못했습니다. 인력과 축력은 효율이 낮고 불안정했으며, 수송할 수 있는 물자의 양과 거리 대비 소모되는 에너지도 지나치게 컸습니다. 오랜 문명의 발전에도 불구하고, 19세기 초까지 대량 화물을 운송할 수 있는 유일한 수단은 선박이었습니다.

하지만 물길이 닿지 않는 지역도 많았고, 강물의 흐름이나 조류, 바람의 방향에 의존해야 했기 때문에, 운하들이 곳곳에 건설되었음에도 불구하고 수상 운송에는 분명한 한계가 존재했습니다.

19세기 초 증기기관차와 철도가 보급되면서 한계가 극복되었습니다. 초기 증기기관차의 속도는 시속 약 24km로 오늘날 기준에서는 느린 편이었지만, 중요한 것은 속도가 아니라 안정성과 신뢰도였습니다. 증기기관차가 초기에 주로 운송했던 건 석탄이었습니다. 철도를 통해 인류는 석탄을 탄광에서 공장과 도시까지 대량으로, 정해진 시간에, 날씨와 계절에 구애받지 않고 운송할 수 있게 되었습니다. 철도를 통해 석탄이 대량으로, 그리고 먼 거리까지, 구석구석 공급될 수 있게 되자 에너지 공급량이 크게 늘어났고, 근대 공장 시스템이 확대되면서 생산성 혁명이 일어났습니다.

석탄 자체는 이미 1,000년 이상 일부 지역에서 사용되어왔지만, 수송 문제로 인해 주로 난방과 조리용 열원에 머물러 있었습니다. 탄광

인근에 근대식 공장을 세우더라도, 탄광의 채탄량이 줄어들면 수송 문제가 반복되었습니다. 증기기관차의 발명과 철도의 보급은 수송 문제를 해결함으로써, 대량의 에너지가 가정과 공장 그리고 도시로 안정적으로 공급되는 길을 열었습니다. 안정적으로 대량의 에너지가 공급되면서 근대식 대량 생산 공장들이 확대되었고, 산업과 문명의 구조가 변화하게 되었습니다.

철도를 통해 안정적으로 확보된 대규모 에너지는 산업 단지의 규모와 생산 품목의 다양화를 가능하게 했고, 이는 다시 물류 수요의 증가로 이어져 철도에 대한 수요를 더욱 키우는 선순환 구조를 만들었습니다. 철도로 도시와 도시가 연결되고 물자의 보급과 인적 교류가 활발해지면서 철도는 경제 성장의 핵심 인프라가 되었습니다.

근대식 제철 산업은 확대되는 철도 레일 수요로 인해 발전했고, 철도가 북미, 시베리아 등 광대한 대륙의 내부까지 부설되면서 본격적인 개발 시대를 열었습니다. 철도는 이렇게 산업과 도시, 에너지와 자본을 묶으며 근대 경제의 토대를 형성했습니다

철도에 대한 투자는 철도 노선과 역사를 중심으로 한 도시 개발과 유통 산업의 확대로 이어졌습니다. 실제로 19세기 후반 미국에서는 철도 노선을 중심으로 인구와 상업 활동이 급증했습니다. 시카고 등 내륙의 신도시들은 주요 철도 허브로 발전하며 산업과 인구가 급증했습니다. 19세기 중반부터 수십 년간 철도는 생산성을 대폭 향상시키는 꿈의 기술로 기능했고, 이에 따라 철도에 대한 투자 열기는 대단했습니다.

미국의 벤더빌트 가문은 19세기 중반 철도 투자 붐의 중심에서 막대한 부를 쌓은 대표적인 사례입니다. 코넬리우스 벤더빌트[1]는 뉴욕 센트럴 철도를 포함해 1870년대까지 뉴욕 센트럴 등을 중심으로 수천 km 규모의 광범위한 철도 네트워크를 통합·장악하며 물류 비용을 대폭 낮추고 안정적인 현금흐름을 확보했습니다.

그 시기 수많은 민간 철도 프로젝트가 진행되었습니다. 일부는 수익성 악화나 과잉 경쟁으로 실패했지만, 많은 경우 오랜 세월 막대한 부가가치를 창출했습니다. 미국의 철도 총연장은 1830년 40km가 되지 않았으나, 이후 폭발적으로 증가해 1900년 무렵 약 32만km 규모로 확대되었습니다.

철도는 증기기관이라는 기술혁신에서 시작해서, 수송 문제를 해결하며 안정적 에너지 공급을 인류 역사상 최초로 가능하게 했습니다. 철도가 근대 문명을 만들었다고 해도 과언이 아닙니다. 철도 산업은 철로와 역사라는 인프라와 네트워크로 구성되어 있어, 복제와 과당경쟁의 문제가 덜했고, 대개의 경우 긴 세월 동안 안정적인 현금흐름을 창출했습니다.

도시와 도시, 탄광과 산업단지, 산업단지와 항만을 연결하는 철도

---

1 코넬리우스 벤더빌트는 1794년에 태어나 1877년에 사망한 미국의 사업가이자 철도·해운 산업의 거물입니다. 그는 정규 교육을 거의 받지 않았으나, 젊은 시절 증기선 운송 사업으로 자본을 축적한 뒤 19세기 중반 미국 철도 산업에 본격적으로 진출했습니다. 벤더빌트는 뉴욕 센트럴 철도 New York Central Railroad를 중심으로 여러 노선을 통합하며 철도망의 효율성과 수익성을 크게 높였습니다. 생애 후반에는 미국 최고 부호 중 한 명으로 평가받았으며, 사후에는 벤더빌트 대학 설립을 위한 대규모 기부로도 이름을 남겼습니다.

가 부설되면 많은 초기 투자자들은 큰돈을 벌었고 경쟁은 제한적이었습니다. 동일한 노선을 중복해 깔기에는 물리적, 상업적 제약 요건이 있었기에 선점 효과가 명확했습니다.

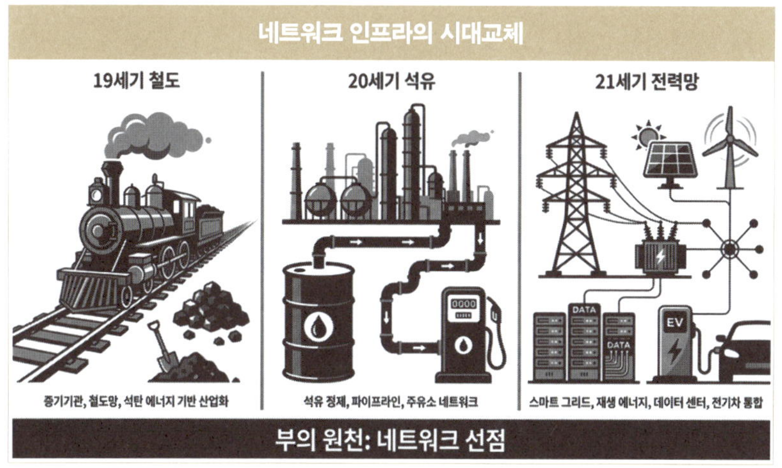

● 20세기 현대 문명의 총아, 석유

철도로 인해 대량 사용이 가능해진 석탄이 근대문명을 열었다면, 이후 등장한 석유는 근대문명을 고도화한 일등 공신이었습니다. 채탄 이후의 가공 과정이 크게 복잡하지 않았던 석탄과 달리, 석유는 복잡한 정유·정제 공정이 없이는 사용이 어려웠습니다. 석유는 1850년대부터 미국 펜실베이니아와 카스피해 연안의 바쿠 지역에서 근대식 생산이 시작되었는데, 두 지역 모두 막대한 생산·수송·정유·저장 인프라 건설이 수반되었습니다.

끈적한 원유 그 자체로는 부가가치가 낮았으므로, 초기에는 오크통에 담아 마차와 철도를 이용해 정유 공장으로 원유를 운송해야 했습니다. 이 때문에 초기 석유 산업은 철도에 의존했으며, 전설적인 석유왕 록펠러는 스탠다드 오일을 키우는 과정에서 철도 노선 독과점을 통해 석유 판로와 수송을 통제하는 전략을 사용했습니다.

이후 석유 유통량이 급증하면서 파이프라인과 유조선이 등장했고, 석유는 등불을 밝히는 등유에서 출발해 휘발유, 디젤, 윤활유, 석유화학 원료 등으로 용도를 확대하며 다양한 산업 분야에서 활용되었습니다. 이 과정에서 석유 역시 철도와 마찬가지로, 대규모 인프라와 네트워크를 선점한 기업들이 장기간 시장 지배력을 유지했습니다.

석유의 잠재력은 내연기관의 발명으로 인해 크게 확대됩니다. 석탄에 비해 정제 과정이 복잡하고, 취급과 유통이 까다로우며, 단가 역시 비쌌지만, 무게가 가볍고 출력이 강한 내연기관의 등장은 석유의 지위를 근본적으로 바꿔놓았습니다. 엔진 외부에서 석탄을 태워 수증기를 만들고, 그 힘으로 피스톤을 움직이는 증기기관은 구조적으로 효율이 낮았고, 엔진의 무게 대비 출력에도 한계가 있었습니다. 석탄은 대형 설비에는 적합했지만, 작고 빠른 이동 수단에 적용하기에는 무겁고 둔한 에너지였습니다.

독일에서 1876년 4행정 가솔린 엔진이 발명되고 이후 상황은 변했습니다. 연료를 엔진 내부에서 직접 폭발시키는 방식은 증기 기관보다 효율이 뛰어났고 기구는 간단했으며 엔진 무게 대비 훨씬 높은 출력을 낼 수 있었습니다.

그 결과 20세기 초에는 가솔린 엔진을 장착하여 중력을 이기고 하늘을 날 수 있는 비행기가 등장했고, 이후 자동차의 대량 보급이 석유가 풍부한 미국에서 시작되었습니다. 석유를 연료로 이용하는 내연기관은 단순한 동력 기술을 넘어, 인간의 이동 반경과 생활 반경 자체를 확장시키는 혁신이었습니다.

비행기, 자동차와 함께 석유는 선박도 바꾸었습니다. 1897년 디젤 엔진이 개발되면서 석탄보다 석유를 선박 연료로 사용하는 편이 항행 거리와 속도, 보급의 편의성 측면에서 훨씬 유리해졌습니다. 석유 기반 엔진 기술의 강점으로 인해 석탄의 종주국이었던 영국까지도 1차 세계대전 전후로 해군의 주력 함정을 석유 연료 기반으로 전면 교체하게 됩니다. 이는 에너지원 선택이 곧 군사력과 국가 전략의 핵심 요소가 되었음을 상징하는 사건이었습니다.

그러나 석탄과 석유의 경쟁이 단번에 석유의 승리로 끝난 것은 아니었습니다. 이미 광범위하게 구축된 철도 인프라는 여전히 증기기관차에 의존하고 있었고, 겨울철 난방용 연료로서 석탄의 지위 역시 전 세계 대부분의 지역에서 1950년대까지 흔들림이 없었습니다. 석탄은 값이 싸고, 이미 공급망이 완성된 에너지원이었기 때문입니다. 그럼에도 불구하고 가볍고 강력한 내연기관, 그리고 이를 기반으로 한 자동차·트럭·항공기·군수 장비의 급격한 발전은 석유 수요를 지속적으로 끌어올렸습니다.

2차 세계대전은 석유의 시대를 연 결정적인 사건이었습니다. 수천,

수만 대의 전투기와 전차, 군용 차량이 전장을 누볐고, 이들에게 안정적으로 석유를 공급할 수 있느냐 없느냐는 강대국들의 전쟁 수행 능력과 승패를 가르는 핵심 요인이 되었습니다. 강고해 보였던 나치 독일과 일본 제국은 전쟁 후반부에 석유를 안정적으로 확보하지 못하면서 전쟁을 지속할 수 있는 능력을 상실했습니다. 반대로, 당시 전 세계 석유 생산량의 절반 이상을 담당하던 미국이 있었기에 연합국은 압도적인 물량과 기동력을 유지하며 전쟁에서 승리할 수 있었습니다.

전쟁 이후 석유 사용은 급속히 확대되었습니다. 자동차의 보급과 함께 난방, 산업용 열원, 플라스틱 등 제품 원료로 석유의 용도가 확대되면서 사회 전반이 석유에 의존하게 되었습니다. 석유를 땅에서 캐내고, 정유 공장까지 원유를 운반하며, 휘발유·디젤·중유·플라스틱 원료와 같은 다양한 정유 제품을 소비자에게 공급하는 거대한 에너지 공급망과 네트워크가 만들어졌고, 석유 공급과 석유 가격은 전 세계 사람들의 일상과 경제에 지대한 영향을 끼쳤습니다. 전 세계 석유 공급망을 지배한 이른바 오일 메이저들은 세계 최대 규모의 기업군으로 성장했고, 이들 중 다수가 시가총액 1위 기업 자리를 차지하기도 했습니다.

현대 문명에서 석유의 지위는 견고합니다. 석유를 채굴하고, 정제하고, 소비자에게 공급하는 에너지 기업들은 장기간 안정적인 현금흐름을 창출하고 배당금을 지불해왔습니다. 70년대 발생한 두 차례의 오일 쇼크에도 불구하고 석유 소비는 장기간 지속적으로 증가했습니다. 철도와 석유는 모두 거대한 인프라와 네트워크를 형성했고, 둘 다근현대 문명 발전에 심대한 영향을 끼쳤습니다. 세계 최대 기업들과 거부들이 이 두 산업에서 나온 건 우연이 아닙니다. 이런 의미에서 저는 19세기를 철도의 시대, 20세기를 석유의 시대라고 생각합니다.

🔵 21세기 전기의 시대

철도를 통한 석탄의 대량 공급이 19세기 산업사회를 만들었다면, 석유와 내연기관이 이끈 운송 체계의 혁명은 20세기 대량 소비 사회를 완성했습니다. 하지만 21세기의 주력 에너지는 석탄도 석유도 아닙니다. 그건 바로 전기입니다. 과학자들의 실험실을 떠나 전기가 본격적으로 활용된 건 에디슨과 웨스팅하우스 같은 19세기 후반의 사업가들 덕분이었습니다. 석유가 값싸고 질 좋은 등유로 초기 수요를 창출했듯, 전기 역시 처음에는 조명 시장을 통해 수요를 확보했습니다.

전구에서 나오는 빛은 기름이나 가스를 태우던 기존 조명에 비해 더 밝고 안정적이었으며, 이후 도시의 야경과 인간의 생활 리듬 자체를 바꾸어놓았습니다. 전기 모터의 개발과 보급은 공장 구조를 변모시키고 생산성을 향상시켰습니다. 증기기관 하나에 의존해 축과 풀리, 벨트로 연결되어야 했던 공장 설비들은 전기 모터로 구동되는 개별 기계들로 대체되었고, 이는 생산 공정의 유연성과 효율을 비약적으로 끌어올렸습니다. 1930년대 이후에는 전기가 가정에서도 널리 사용되기 시작했습니다. 오늘날 전기는 전체 에너지 사용량의 21%를 차지하고 있습니다.

전기의 장단점은 석탄, 석유와는 다릅니다. 빛, 열, 동력 등으로의 전환 과정이 간단하고 효율적이며, 오염물질 배출이 없는 게 전기의 큰 장점입니다. 정밀 제어부터 거대한 동력 전달까지 다양한 출력과 용량에 적용할 수 있고, 석탄·석유·원자력·풍력·수력·태양광 등 다양한 방법으로 생산할 수 있는 점도 전기의 탁월한 강점입니다.

생활 수준이 향상될수록 전기를 더 많이 사용합니다. 국제에너지 기구(이하 'IEA')[2] 자료에 따르면, 실제로 현재 세계 최종 에너지 소비에서 전기가 차지하는 비중은 2024년 기준 21%까지 증가했으며, 2010년대 초의 약 17.8%에서 지속적으로 상승하고 있습니다. 전기 수요는 주거, 산업, 서비스 부문뿐 아니라 전기차와 같은 도로 운송 부문에서도 빠르게 확대 중입니다.

전기의 안정적 공급은 매우 중요한 이슈입니다. 평소에는 인지하기 어렵지만, 정전 상황에서 전기의 중요성이 극명하게 드러납니다. 현대 문명의 대도시에 전기가 공급되지 않으면 상하수도, 통신, 교통, 의료 등 필수 서비스가 모두 마비됩니다.

게다가 전기는 깨끗하고 효율이 높으므로 석탄과 석유·천연가스

---

[2] 국제에너지기구International Energy Agency, IEA는 1974년 석유 파동 이후 에너지 안보 강화를 목적으로 설립된 정부 간 국제기구입니다. 본부는 프랑스 파리에 있으며, 주요 임무는 에너지 시장 동향 분석, 중장기 전망 제시, 회원국 간 정책 협력 촉진입니다. 초기에는 석유 공급 안정이 핵심 과제였지만, 최근에는 기후변화 대응과 에너지 전환이 중요한 역할로 추가되었습니다. 국제에너지기구는 매년 『세계 에너지 전망World Energy Outlook』을 통해 전 세계 에너지 수요, 공급, 투자 흐름을 분석하며, 이 보고서는 각국 정부와 금융시장, 기업의 전략 수립에 널리 활용되고 있습니다.

대신 전기를 쓰는 게 경제적으로도 더 유리한 경우가 늘어나고 있습니다. 예를 들어, 가스레인지 대신 인덕션 쿡탑을 사용하는 곳이 눈에 띄게 늘었습니다. 난방과 조리, 이동(전철·전기차)에 이르기까지 가능하다면 전기 사용을 우선 생각하는 게 당연한 시대가 되었습니다.

한편, 땅에서 원유를 뽑아 정유 과정을 거쳐야 하는 석유와 달리 전기는 본질적으로 '전자의 흐름'인 만큼 저장이 매우 어렵습니다. 다양한 배터리가 개발되었지만, 소비 전력 총량과 비교할 때 저장량은 미미한 수준입니다. 많게는 몇 달치 소비량을 비축할 수 있는 석유, 석탄과 달리 전기는 장기간 저장이 어렵고, 대규모 저수지를 빼면 실용적인 솔루션도 없습니다. 현재는 실시간으로 전력 소비량에 맞춰서 전기를 공급하고 있습니다.

수백, 수천만의 사용자가 전력망에 연결되어 있으므로 실시간 전기 소비-공급 일치는 쉬운 일이 아닙니다. 소비-공급이 불일치한 정도가 심하면 전력망의 전압과 주파수가 운전 범위를 벗어나고 광역 정전이 일어나게 됩니다. 이런 위험을 막기 위해 수많은 제어 장치가 전력망에 설치되어 있습니다.

이런 이유로 전력 공급 시스템, 소위 '그리드'는 인간이 만든 가장 복잡하고 거대한 기술장치로 평가됩니다. 그리드는 생산 설비, 변전소, 송전망, 배전망 그리고 최종 사용자 수요를 실시간으로 연결하는, 현대 사회의 핵심 인프라입니다.

전기가 에너지 시스템에서 차지하는 비중은 늘어나고 있습니다. 2024년 기준 전기의 최종 에너지 소비 비중이 약 21%이며 중국의 경우 30%를 넘겼습니다. 전기의 비중이 늘고 있다는 건 다른 에너지보다 전기 소비량이 더 빨리 늘고 있다는 뜻이기도 합니다. 2024년 세계 전력 소비는 전년보다 4.3% 성장했으며, 점점 더 다양한 부문에서 전기를 사용하는 현상은 확대 중입니다.

더 많은 분야에서 더 많은 전기를 사용하는 현상을 '전기화 electrification'라고 지칭합니다. 전기화는 21세기의 메가 트렌드로서 에너지 전환의 핵심이며, 중요한 투자 테마입니다. 중공업, AI 데이터센터, 전기차 등 전기를 사용하는 새로운 수요가 확대되고 있어 향후 몇십 년간 전력 인프라와 관련 서비스는 에너지 시장의 중심 축으로 자리잡을 것으로 예상됩니다.

에너지 투자에 성공하려면 전기화 트렌드에 주목해야 합니다. 과거 철도와 석탄의 시대에 모든 사람이 철도와 석탄을 환영하고 투자하지는 않았습니다. 어떤 사람들은 마차 회사, 말 회사, 범선 회사에 투자했으며, 석유의 시대에도 유사한 판단을 한 투자자들이 있었습니다. 20세기 초반이 되면서 마차 회사와 말 회사, 범선 회사에 투자하는 사람들은 대부분 사라졌지만, 증기 기관차 회사, 증기선 회사, 석탄 회사들은 여전히 유망한 투자 대상으로 남아 있었습니다.

그러나 우리는 알고 있습니다. 현재 증기 기관차 회사와 증기선 회사는 남아 있지 않습니다. 여기에 투자된 자본은 대부분 사라졌습니다. 석탄 회사들은 일부 살아남았지만, 규모와 가치는 과거와 비교하기 어렵습니다. 석탄 회사들이 지속적으로 성장해 많은 부가가치를 창출하고 안정적인 현금흐름을 만들었다면 적어도 한두 개 이상의 석탄 회사 이름이 우리에게 익숙할 것입니다. 그러나 한국에서도, 외국에서도 석탄 회사를 기억하는 사람들은 많지 않습니다.

석유는 일상생활에서 널리 사용 중이며, 주유소와 플라스틱 없이 일상을 상상하기는 어렵습니다. 이름이 잊힌 석탄 회사와 달리 거대 석유 기업들은 그 자체가 유명 브랜드이며, 이들의 일거수일투족은 언론에 자주 보도됩니다. 현재 천연가스와 석유는 전 세계 에너지 공급의 절반 이상을 차지하며, 석탄까지 포함하면 인류는 여전히 약 80% 이상의 에너지를 화석연료에 의존하고 있는 게 현실입니다.

하지만 연금 투자자가 바라봐야 할 향후 수십 년의 시간을 감안할 때, 석유 기업과 석유 인프라, 천연가스 사업에 대한 투자는 신중하게 결정해야 합니다. 시간의 문제일 뿐 전기가 전체 에너지 공급의 절반 이상을 차지하는, 명실상부한 전기의 세상이 성큼성큼 다가오고 있기 때문입니다.

핵심 정리

- 좋은 투자 대상은 높은 잠재력과 장기간 유지될 시장 지위를 함께 갖춰야 하며, 철도와 석유는 인프라·네트워크 선점으로 이를 충족한 메가 트렌드였습니다.
- 철도는 시속 24km의 느린 기술이었지만 석탄을 '대량·정시·장거리'로 운송해 공장 시스템을 확장했고, 1830년 40km였던 미국 철도는 1900년 32만 km로 커졌습니다.
- 석유는 정유·파이프라인·유조선 같은 공급망과 내연기관 혁신이 결합해 20세기를 지배했으며, 21세기는 전기 비중 21%(중국 30%+)와 전력 소비 4.3% 성장으로 전기화가 중심축입니다.

장기 성과는 '기술의 화려함'보다 '네트워크와 규칙의 지속성'에서 나오며, 철도·석유처럼 복제하기 어려운 인프라가 현금흐름과 선점효과를 만들어냈습니다.

전기화는 저장이 어려운 전기와 복잡한 그리드의 특성 때문에 발전만이 아니라 송전·배전·변전·제어 투자가 함께 늘며, 전력 인프라가 구조적 수혜 위치에 놓입니다.

전환기에는 사라지는 산업이 생기므로 장기 투자자는 화석연료 비중 80%라는 현재보다 '향후 수십 년의 방향'과 자본이 이동하는 곳을 기준으로 비중을 재배치해야 합니다.

에너지 전환 투자에 관한
세 가지 오해

● 에너지 전환, 공감대는 형성되었다

과도한 온실가스 배출로 인한 기온 상승은 에너지원의 문제입니다. 세계 에너지 시스템은 여전히 석탄·석유·천연가스 같은 화석연료에 의존하며, 연소 과정에서 발생하는 이산화탄소 등의 온실가스 과다배출이 기후변화의 핵심 원인입니다. 이 때문에 화석연료를 다른 에너지원으로 전환하는, 이른바 '에너지 전환'이 필요하다는 공감대가 형성되었습니다.

1970년대 발생한 두 번의 오일 쇼크 이후 세계 각국은 석유 의존도를 낮추기 위해 소위 '대체 에너지' 개발에 나선 적이 있었습니다. 원자력과 에너지 절약 기술이 각광을 받았으나, 그때는 기후변화 문제가 표면에 부각되기 전이었습니다. 오늘날의 에너지 전환은 에너지 안보 차원의 대응이 아니라, 기후위기에 대응하기 위한 구조적 차원의 전환이라는 점에서 더욱 복잡하고 어려운 과제가 되었습니다.

전 세계가 파리협약을 통해 공유한 목표는 2050년까지 인류가 배출하는 온실가스와 자연이 흡수하는 온실가스가 균형을 이루는, 이른바 '넷제로net-zero'를 달성하는 것입니다. 이를 위해 여러 국가들이 2030년 전후를 중간 목표 시점으로 삼아 배출량을 빠르게 줄이겠다는 계획을 제시했으며, 전력·수송·산업·주거 부문 전반에서 에너지 생산·유통·소비 구조를 바꾸는 정책들이 광범위하게 추진되고 있습니다.

탈화석 연료 차원의 에너지 전환을 위해 석유, 천연가스, 석탄의 사용을 지속적으로 줄이고, 재생 에너지와 원자력처럼 온실가스를 배출하지 않는 에너지원을 확대하는 노력이 계속되고 있습니다. 태양광과 풍력의 급속한 확산, 전기차 보급 확대, 전력망과 에너지저장장치에 대한 대규모 투자는 이러한 노력의 과정이자 성과입니다. 에너지 전환은 단일 기술이나 한두 산업의 문제가 아니라, 사회 전체의 에너지 사용 방식을 재구성하는 과정에 가깝습니다.

연금 투자자의 입장에서 에너지 전환의 현황과 전망, 수반되는 구조적 과제를 살피는 일은 중요합니다. 에너지 시스템은 단기간에 바뀌지 않지만, 임계점을 넘어 큰 흐름이 바뀌면 수십 년에 걸쳐 변화가 누적되어 일어나기 때문입니다. 어떤 산업과 인프라가 성장 국면에 들어서고, 어떤 자산이 점차 주변부로 밀려나는지를 이해하는 것은 장기 투자 성과를 좌우하는 핵심 요소입니다. 에너지 전환을 이해하지 못하면 에너지 투자에 성공할 수 없는 시대가 되었다 해도 과언이 아닙니다.

그런데, 에너지 전환과 관련된 몇 가지 오해들이 흔히 발견됩니다. 에너지 전환을 단기 유행이나 특정 기술에 대한 베팅으로 오해하는 시각, 또는 화석연료의 즉각적인 소멸을 전제로 한 극단적인 전망들 한 예입니다. 에너지 전환을 이해하고 에너지 투자에 성공하기 위해서는 이런 오해들에 빠지지 않도록 주의해야 합니다.

● 오해 1: 기후위기 대응을 위해서는 에너지 사용 자체를 줄여야 한다

기후위기는 과도한 화석연료 사용에서 비롯되었으니, 화석연료 사용을 줄이고 더 나아가 에너지 사용 자체를 줄이면 온실가스 배출이 줄고, 기후위기를 극복할 수 있다는 주장은 틀린 말은 아닙니다. 에너지를 덜 사용하면 온실 가스 배출량은 당연히 줄어듭니다. 하지만 에너지 사용을 줄이는 것이 매우 어려운 현대 문명의 구조적 특성을 고려하면 실현 가능성이 낮은 주장입니다.

최종 에너지 소비 기준, 산업 부문은 비중은 전 세계 기준으로 38%이고 우리나라는 51%입니다. 우리가 사용하는 물건의 대부분은 다양한 산업 공정을 거쳐 만들어집니다.

자동차에 사용되는 철판과 콘크리트에 들어가는 철근을 생각해보겠습니다. 철광석을 채굴해 제철소로 운반하고, 석탄으로 만든 코크스를 이용해 쇳물을 뽑은 후, 압연과 후처리 가공을 거쳐야 비로소 철강 제품이 만들어집니다. 제조과정에는 막대한 열과 동력이 소모되며, 거대한 산업 시설이 있어야 합니다. 에너지 소비가 없이는 무엇도 만들 수가 없습니다.

문명이 발전할수록 우리는 더 다양한 물품을 더 많이 소비합니다. 집 안에는 종이류와 플라스틱 포장재가 늘 한 무더기 쌓여 있고, 동네 쓰레기 배출장에는 대형 포대에 담긴 재활용 쓰레기들이 수북합니다. 재활용이 불가능한 생활 쓰레기를 서울 시민 1명이 매일 1.5L 정도를 배출한다는 통계도 있습니다. 넘치는 쓰레기들은 현대 생활 방식 그 자체가 많은 물질과 에너지를 전제로 작동하고 있음을 보여줍니다.

개개인의 소비 수준도 지속적으로 높아지고 있습니다. 과거에는 가구당 자동차 한 대가 일반적이었지만, 이제는 두 대를 보유한 집도 흔합니다. 노트북·스마트폰·태블릿·웨어러블 기기 등 전자제품 역시 집집마다 사용 중인 것과 사용하지 않는 것을 모두 합치면 10대 이상인 경우가 흔합니다. 과거에는 해외여행이 특별한 이벤트였지만, 이제는 휴가철이 되면 공항에 인파가 몰리는 게 일상입니다. 더 많은 물품과 더 많은 이동은 더 많은 에너지 사용을 수반합니다.

경제 발전은 곧 물질적 풍요로 이어지고, 자본주의 경제 시스템 자체가 지속적인 생산과 소비 확대를 전제로 작동합니다. 만약 모두가

지구를 지키겠다는 이유로 소비를 급격히 줄이고 물건을 사지 않는다면, 이는 경제 시스템의 붕괴로 이어질 가능성이 큽니다. 일부에서는 기후위기를 막기 위해 소비자본주의 자체를 바꿔야 한다고 말합니다. 이론적으로는 일리가 있지만, 더 나은, 더 편한 삶을 원하는 인간의 본성을 고려하면 실현되기는 어려운 주장입니다.

특히 빈곤 상태에서 벗어나기 위해 경제 성장을 최우선 과제로 삼고 있는 개발도상국의 입장에서 이런 주장은 받아들이기 어렵습니다. 많은 개도국의 입장에서는 기후위기 대응보다, 의식주를 해결하고 더 나은 주거 환경과 교육 기회를 마련하는 일이 훨씬 절박합니다. 막대한 자원을 소비하며 경제를 발전시켰고, 그 과정에서 온실가스를 대량 배출한 선진국들이 이제 와서 환경을 이유로 에너지 사용과 소비를 제한하자고 요구하는 건 개발도상국 입장에서는 수용하기 어려운, 사다리 치우기로 비칠 수밖에 없습니다.

삶의 질은 에너지 사용량과 밀접하게 연관됩니다. 소득 수준이 높은 선진국 국민들은 개발도상국 국민들에 비해 1인당 에너지 사용량이 많게는 수십 배 많습니다. 북미나 서유럽 국가의 1인당 1차 에너지 소비량은 아프리카 저소득 국가의 20~30배 수준입니다. 이는 에너지가 단순한 연료가 아니라 주거, 이동, 의료, 교육, 정보 접근 등 삶의 질 전반을 지탱하는 핵심 요소임을 보여줍니다.

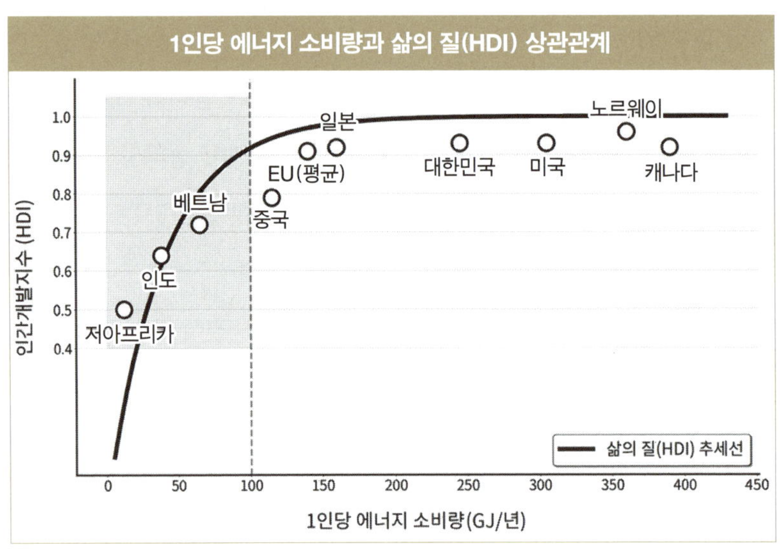

국민소득이 일정 수준에 도달하기 전까지는 GDP 성장과 에너지 소비는 거의 예외 없이 비례 관계를 보입니다. 산업화 초기 단계에서는 공장, 인프라, 주택, 교통망을 건설하는 데 막대한 에너지가 필요하고, 중산층이 확대되면 가전제품, 자동차, 항공 이동, 냉난방 수요가 빠르게 증가합니다. 에너지 효율이 개선되더라도, 절대적인 경제 규모와 소비 수준이 커지는 속도를 상쇄하기는 어렵습니다.

이런 이유로 에너지 전환과 기후위기 대응을 위해 에너지 사용량 자체를 줄일 수 있으며, 줄여야 한다는 기대는 비현실적입니다. 실제로 2024년 세계 에너지 소비는 전년 대비 약 2.2% 증가했으며, 이는 과거 2010~2019년의 연평균 증가율(약 1.5%/년)을 웃도는 수준입니다.

향후 인구 구조를 고려하면 에너지 수요 증대 가능성은 더욱 분명해집니다. 선진국의 인구는 정체되거나 감소하는 반면, 아시아·아프리카를 중심으로 한 개발도상국의 인구는 앞으로 수십 년간 계속 증가할 것으로 예상됩니다. 동시에 이들 국가의 경제 성장과 도시화가 진행되면, 에너지 수요는 구조적으로 늘어나게 됩니다.

실제로 2024년 글로벌 에너지 소비 증가분의 약 43%가 BRICS 국가에서 발생했으며, 중국(+4%), 인도(+5%) 등 신흥국의 에너지 수요가 크게 늘었습니다. 이런 조건에서 에너지 전환은 에너지 공급량의 확대와 병행되지 않으면 성공하기 어렵습니다. 에너지를 덜 쓰는 전환이 아니라, 더 많은 에너지를 더 깨끗하게 공급하는 전환이 필요합니다.

산업혁명 이후의 에너지 통계를 살펴봐도 같은 결론이 도출됩니다. 총량 기준으로, 인류 역사에서 에너지 전환이 '기존 에너지를 대체하며 줄이는 방식'으로 일어난 적은 없었습니다. 산업혁명 이전 인류는 나무와 축분 같은 전통적인 바이오매스 자원에 의존했습니다.

산업혁명 이후 200년이 넘게 지난 오늘날에도, 전통적 바이오매스의 사용량은 줄어들지 않았습니다. 전체 에너지 공급에서 이들이 차지하는 비중은 10% 이하로 낮아졌지만, 이는 다른 에너지원이 추가되었기 때문이지, 바이오매스 사용이 줄었기 때문이 아닙니다.

동일한 패턴을 다른 에너지원에서 확인할 수 있습니다. 철도의 보급과 함께 석탄 사용량이 급증했고, 20세기 중반 석유가 가장 널리 쓰이는 에너지원으로 자리 잡은 이후에도 석탄의 사용량은 계속 증가했습니다. 1970년대 이후 천연가스 사용량이 크게 늘었지만, 천연가스의 확산이 석탄이나 석유의 사용량을 줄인 적은 없었습니다. 새로운 에너지원은 기존 에너지를 밀어내기보다는, 늘어나는 총 에너지 수요를 충당하는 역할을 해왔습니다.

인류는 각 시대에 더 적합하고 더 효율적인 에너지원으로 개발했지만, 총량 기준에서 에너지 사용은 계속 증가해왔습니다. 미래의 에너지 전환 역시 마찬가지일 가능성이 큽니다. 더 싸고, 더 깨끗하고, 더 편리한 에너지의 사용량과 비중은 빠르게 늘어날 것이며, 자본과 투자는 그 곳에 집중될 것입니다. 그러나 그 결과로 석유·석탄·천연가스, 그리고 전통적인 바이오매스의 절대 사용량이 얼마나 감소할지, 과연 감소할 수 있을지는 미지수입니다.

AI 데이터센터나 전기차 같은 새로운 전기 수요 이외에도 인구 증가, 경제 성장, 소비 확대에 따라 전기 수요 증가는 지속적으로 진행될 것이므로 미래의 전력 생산 인프라는 이 모든 전기 수요 증가를 모두 감당할 수 있어야 합니다. 다시 말해, 전기화는 '대체'만의 문제가 아니라 '확대'의 문제이기도 합니다. 충분한 양의 깨끗한 전기를 얼마나 공급할 수 있느냐에 따라 에너지 전환의 성패가 결정될 것입니다.

오해 2: 에너지 전환은 빠른 시일에 급격하게 진행될 것이다

애플의 아이폰이 2007년 말 처음 등장한 이후 불과 10여 년 만에 피처폰은 시장에서 사실상 사라지고 스마트폰이 휴대전화 시장을 석권했습니다. 실제로 전 세계 스마트폰 보급률은 2010년 19% 수준에서 2020년에는 78%에 도달할 정도로 빠르게 확대되었습니다.

이와 비슷한 패턴으로 재생 에너지의 급격한 보급이 이루어져 에너지 시스템 역시 10년 안팎의 시간 내에 빠르게 바뀔 거라는 주장들이 있습니다. 심각한 기후위기 문제를 고려할 때 그러한 빠른 전환이 실제 발생한다면 좋겠지만 에너지 시스템과 통신 인프라에는 근본적인 차이가 있습니다.

IT 분야에서는 새로운 제품과 서비스가 매우 빠른 속도로 확산되는 경우가 자주 목격됩니다. AI 기술 역시 보급 속도가 매우 빠른데, 예를 들어 오픈AI의 챗GPT는 출시 3년 만에 월간 활성 사용자가 12억 명 수준으로 급증했습니다. 이런 놀라운 확산 속도는 IT와 통신이 '가벼운' 비트bit에 기반하고 있기 때문입니다.

디지털 정보 단위인 비트는 대규모 처리·가공·축적·배포 비용이 거의 0에 수렴합니다. 오늘 A라는 소프트웨어를 100명에게 배포하고, 다음 달에 100만 명에게 배포해야 한다고 해도, 통신 회선과 서버 용량을 보강하면 가능한 일입니다. 비트 기반의 무한한 확장성이야말로 IT와 통신 인프라 위에 구축된 디지털 경제의 가장 큰 특징입니다.

하지만 에너지 시스템은 디지털 경제와 달리 '무거운' 와트시(Wh)에 기반합니다. 와트시는 1와트의 출력을 1시간 동안 공급할 때의 에너지 양을 의미합니다. 가정용 전기요금표에는 보통 kWh (천) 단위가 사용되고, 공장이나 대형 AI 데이터센터처럼 에너지를 많이 사용하는 곳에서는 MWh(백만) 나 TWh(조) 단위가 일반적입니다. 일반 가정의 연간 전력 소비는 3,000~4,000kWh 수준이지만, 대형 데이터센터는 연간 수백 GWh에서 1TWh 이상의 전력을 소비합니다.

그런데 오늘 100kWh를 공급하던 에너지 설비로 다음달에 100MWh를 공급하는 것은 극히 어렵습니다. 대규모 전력 설비와 송전망을 구축하는 데 시간이 걸리기 때문입니다. 또한 에너지는 종류별로 공급망이 다 다르며 전환이 어렵습니다. 석유 공급망과 석탄 공급망은 상호 호환되지 않으며 전력망을 가스 배관망으로 바꿀 수도 없습니다. 다양한 비트를 통신망을 통해 흘릴 수 있는 IT와는 근본적으로 다릅니다.

디지털 세계에서의 비트와 달리, 물리적 세계에서의 에너지는 가공과 처리가 복잡하고 물리 법칙의 제약을 받습니다. 고온·고밀도의 에너지일수록 이를 처리하는 설비는 크고 복잡해지며, 건설 비용도 높아지고 유지·관리 역시 어려워집니다. 그래서 에너지 시설은 한 번 설치하면 수십 년에 걸쳐 사용하면서 투자금을 회수하는 구조를 가지는 경우가 많습니다.

이러한 특성을 극명하게 보여주는 설비가 원자력 발전소입니다. 핵분열을 활용하는 원자력 발전소는 거대 과학 기술 결정체로, 대형 원전 한 기 건설에 많게는 10조 원 이상의 비용이 들어갑니다. 요즘 신규 대형 원전의 초기 설계수명은 60년 이상이며, 그 후에도 운전 연장이 가능합니다. 사용후핵연료와 같은 폐기물을 완전히 관리·처리하는 데는 수백 년 이상의 시간이 필요합니다.

전 세계 82억 인구에게 매일 에너지를 공급하는 에너지 시스템은 수천조 원 이상의 누적 투자가 투입된 거대한 물리적 실체입니다. 이 시스템을 통해 매년 수십억 톤의 석탄, 석유, 가스, 광물 자원이 채굴·운송·연소·처리됩니다.

이런 거대한 시스템을 바꾸는 데는 시간이 필요합니다. 내일 당장 원가가 거의 들지 않고, 온실가스도 배출하지 않는 '꿈의 에너지 기술'이 개발된다 해도, 그 기술을 대규모로 보급하는 일은 또다른 과제입니다. 이는 새로운 소프트웨어 패키지를 인터넷에 업로드하고 배포하는 문제와는 성격이 다릅니다.

역사도 같은 결론을 말합니다. 철도의 등장으로 석탄 사용이 급격히 늘어났지만, 전통적인 바이오매스가 에너지 시스템의 중심적 지위를 완전히 넘겨주는 데는 100년 이상의 시간이 걸렸습니다. 석유 역시 19세기 중반 상업적 대량 생산이 시작된 이후, 석탄을 주요 에너지원의 자리에서 밀어내기까지 약 한 세기가 필요했습니다.

그 과정에서 새로운 에너지원에 맞는 사회 인프라와 제도, 제품 제조 기술이 점진적으로 형성되었습니다. 새로운 에너지원에 적합한 산업이 생겨나고, 그 산업이 다시 새로운 수요와 시장을 만들어냈다고 보는 편이 더 정확한 표현일 것입니다.

이런 맥락에서 보면, 정교한 정책 설계와 막대한 선행 투자가 뒷받침되지 않는 한 기후위기 대응을 위한 에너지 전환, 즉 재생 에너지 중심의 전기화된 세상은 짧은 시간 안에 완성되기 어렵습니다. 과거의 에너지 전환 사례를 기준으로 본다면, 이번 전환 역시 짧게는 수십 년, 길게는 100년 안팎의 시간이 소요될 가능성을 고려할 필요가 있습니다.

● 오해 3: 싸고 경쟁력 있는 에너지는 시장 원리에 의해 확대될 것이다

에너지는 공공재에 가깝습니다. 에너지가 없이는 인간의 생존이 불가능하므로, 시장 원리로만 에너지를 다루기는 어렵습니다. 공기나 물에 가격을 매기고 돈을 내지 못하면 사용을 금지하는 나라는 없습니다. 이는 경제의 문제가 아니라 생존의 문제이기 때문입니다.

에너지도 마찬가지입니다. 혹한기에 난방을 할 수 없거나, 밥을 지을 연료조차 없다면 삶을 유지할 수 없습니다. 이런 이유로 안정적인 에너지 공급은 가격이나 효율, 환경 문제를 넘어서는 중요도를 가집니다.

개인의 생존을 넘어, 에너지는 국가의 존립과 안보에도 심대한 영향을 미칩니다. 경제 규모가 크고 국력이 상당한 수준에 이르렀음에도 불구하고, 에너지를 대부분 수입에 의존하는 국가들은 구조적으로 취약할 수밖에 없습니다.

우리나라도 그렇습니다. 한국의 1차 에너지 수입 의존도는 93% 수준으로, OECD 국가 가운데서도 최상위권에 해당합니다. 한국보다 에너지 수입 의존도가 높은 국가는 대만, 싱가포르, 룩셈부르크 정도입니다. 만약 지정학적 갈등으로 에너지 수입선이 차단된다면, 산업 전반과 국민 생활이 마비되어 국가 존망의 위기로 이어질 수 있습니다.

이 때문에 역사적으로 국가의 생존에 필수적인 에너지는 가격이나 시장 원리를 초월해 관리되어왔습니다. 국가 안보라는 관점에서 에너지의 안정적 확보가 매우 중요하기 때문입니다. 유럽은 2022년 러시아-우크라이나 전쟁을 계기로 에너지 안보가 얼마나 중요한지 큰 대가를 치르며 재확인했습니다. 전쟁 이전 유럽은 천연가스 소비량의 40%를 러시아에서 수입했는데, 전쟁과 제재가 본격화되면서 수입량이 기존의 10% 수준으로 급감했습니다. 그 결과 유럽 전역에서 심각한 에너지 부족 사태가 발생했습니다.

위기가 한창일 때, 영국에서는 가정용 가스와 전기 요금이 5배 이상 상승한 사례가 발생했고, 프랑스와 독일의 일부 빵집과 중소 제조 업체들은 가스 요금이 10배 가까이 급등하면서 영업을 중단하거나 생산량을 대폭 줄여야 했습니다. 에너지 가격 급등은 물가 상승과 산업 경쟁력 약화로 직결되었습니다.

유럽은 미국과 중동으로부터 LNG를 급히 수입해 당장의 위기는 넘겼지만, 에너지 안보를 근본적으로 재정립해야 한다는 문제의식을 공유하게 되었습니다. 그 결과 경제가 어려움에도 불구하고 재생 에너지 확대와 전력망 투자에 대규모 재정을 투입하기 시작했습니다. 단기적으로는 보조금과 인프라 구축 비용이 부담되더라도, 장기적으로는 천연가스 수입에 의존하는 것보다 더 안전하며 경제적으로도 이익이 되리라 판단했기 때문입니다.

중국도 에너지 안보를 강화하기 위해 재생 에너지에 막대한 투자를 하고 있습니다. 2025년말 기준 전 세계에 설치된 태양광과 풍력 설비의 50% 이상이 중국에 집중되어 있습니다. 이는 중국이 세계에서 재생 에너지 자원이 가장 풍부하거나, 처음부터 경제성이 가장 뛰어났기 때문은 아닙니다. 오히려 초기에는 원가가 높고 효율이 낮았음에도 불구하고, 국가 전략 차원에서 대규모 투자를 단행한 결과입니다.

그럼에도 여전히 중국은 석유·천연가스·석탄을 전세계에서 단일 국가 기준 가장 많이 수입하고 있습니다. 높은 에너지 수입 의존도는 패권 경쟁 중인 중국의 큰 약점이므로 자국산 에너지 생산 확대에 사활을 걸고 있습니다.

또한 중국 정부는 화석연료를 수입하는 것보다 재생 에너지를 국내에서 생산하는 편이 더 많은 일자리를 창출하고, 상대적으로 낙후된 서북부 지역의 개발에도 도움이 된다고 판단했습니다. 여기에 더해, 에너지 전환이 가속화될 경우 향후 수십 년간 태양광 모듈, 풍력 터빈, 배터리, 전력 설비 등에서 막대한 신규 수요가 발생하리라 예상했습니다. 중국의 재생 에너지 확산은 기술 그 자체의 우월성이나 순수한 시장 경쟁의 결과라기보다는, 정부의 계획적 투자와 기술 개발, 점진적인 시장화 전략이 결합된 결과라고 보는 것이 더 정확합니다.

미국 역시 본질적으로 같은 접근을 취하고 있습니다. 미국은 재생 에너지 보급을 위해 투자세액공제ITC[3]나 생산세액공제PTC[4] 같은 제도

---

[3] 투자세액공제Investment Tax Credit, ITC는 기업이나 개인이 특정 설비나 자산에 투자할 경우, 투자 금액의 일정 비율을 세금에서 직접 공제해주는 제도입니다. 정부가 특정 산업이나 기술에 민간 자본이 유입되도록 유도하기 위해 활용하는 정책 수단입니다. 에너지 전환 분야에서는 재생 에너지 발전 설비, 저장장치, 전력망 관련 투자에 적용되는 경우가 많습니다. 투자세액공제는 초기 투자비 부담을 낮춰 주기 때문에, 자본비용이 큰 인프라 사업에서 특히 효과적입니다.

를 통해 발전 설비 투자 비용의 20~30% 이상을 세금 감면 형태로 지원해왔습니다. 동시에 석유와 천연가스 개발에도 감가상각 특례나 로열티 감면 등 다양한 세제 혜택을 제공합니다. 이는 정부가 명확한 목적을 가지고 에너지 개발 방향을 유도하고 있다는 뜻입니다.

전 세계 어디를 보더라도 에너지 개발과 유통을 온전히 시장에만 맡기는 국가는 없습니다. 에너지는 공공재에 가까우며, 없으면 사람이 살 수 없고 국가가 유지될 수 없기 때문입니다. 과거에도 그랬고, 현재도 그러하며, 미래에도 에너지 산업은 정부의 진흥과 규제 속에서 움직일 수밖에 없습니다. 에너지 전환 역시 국가 전략과 안보 그리고 장기적인 사회 선택의 문제로 이해해야 합니다.

핵심 정리

- 에너지 전환은 2050년 넷제로라는 목표 아래 전력·수송·산업·주거의 구조를 재구성하는 과제이며, 화석연료 의존을 줄이되 총 에너지 공급 체계 자체를 바꾸는 일입니다.
- 에너지 사용을 줄이기만 해서는 해법이 되기 어렵고, 산업 비중 38%(한국 51%)와 2024년 세계 에너지 소비 2.2% 증가가 보여주듯 '덜 쓰기'보다 '더 깨끗하게 공급하기'가 핵심입니다.

---

4 생산세액공제Production Tax Credit, PTC는 설비를 설치하는 행위가 아니라, 실제로 생산된 결과물의 양에 따라 세액을 공제해주는 제도입니다. 발전량 1kWh당, 수소 1kg당처럼 생산 성과에 연동해 혜택이 주어집니다. 이 방식은 설비를 지은 뒤 실제로 얼마나 안정적으로 운영되는지가 중요해지므로, 장기 운영과 효율 개선을 유도하는 효과가 있습니다. 에너지 정책에서는 투자세액공제와 함께 사용되어, 건설과 운영 모두를 촉진하는 역할을 합니다.

- 전환 속도는 비트가 아니라 와트시의 물리적 제약을 받으며, 원전 1기 10 조 원 내외·설계수명 60년처럼 장수명 설비가 지배하는 구조에서 변화는 수십 년 단위로 누적됩니다.

>>>>>>>>> 에너지 투자 인사이트 >>>>>>>>>

에너지 전환 투자의 핵심 리스크는 기술이 아니라 시간과 자본의 병목이며, 100kWh에서 100MWh로의 증설처럼 '물리적 확장'이 비용과 일정의 변동성을 만듭니다.

시장 원리만으로는 에너지 전환이 전개되기 어렵고, 유럽의 러시아 가스 40% 의존과 요금 5배, 10배 사례처럼 안보 충격이 정책과 인프라 투자를 강제합니다.

국가 전략이 투자 방향을 좌우하므로 중국의 태양광, 풍력 50% 집중, 미국의 ITC, PTC 20~30% 지원 같은 제도 신호를 읽는 것이 장기 포트폴리오의 성과를 좌우합니다.

에너지 전환은 기술 경쟁이 아니라
자산 재배치다

● 앞으로 세상이 필요로 하는 자산은 무엇인가?

에너지 전환을 투자 관점에서 바라보면, 자연스럽게 자산 관리라는 주제로 귀결됩니다. 이런 차원에서 보면 어떤 기술이 더 우수한지, 어떤 기업이 더 혁신적인지보다 중요한 질문은 따로 있습니다. 앞으로 수십 년 동안 사회가 반드시 필요로 하는 자산은 무엇이며, 그 자산은 어떤 방식으로 현금흐름을 만들어내느냐가 중요합니다. 에너지 전환은 단기 투자 테마가 아니라 장기 자본의 이동이며 자산의 재배치 과정이기 때문입니다.

수십년 후의 미래를 준비하는 연금 투자자에게는 일시적인 가격 변동과 등락은 크게 중요하지 않습니다. 시간이 지나도 끊기지 않는 지속적인 현금흐름, 제도가 지탱하는 안정적 수익 구조, 위기 상황에서도 유지되는 최소 수요입니다. 이런 기준에서 보면 에너지 산업은 전통적인 제조업이나 IT 산업과 성격이 다릅니다. 에너지는 경기와 상관없이 일정량 이상 소비되며, 공급이 중단되면 사회 전체가 영향을 받습니다.

이 때문에 비록 주식이라고 해도 에너지 회사의 주식은 인프라 자산에 더 가깝습니다. 에너지 전환과 관련된 자산들의 특징은 수명이 길다는 점입니다. 태양광과 풍력 발전소는 20~30년 이상 운영을 전제로 설계됩니다. 송전망과 배전망은 40~60년 이상 사용됩니다. 해상풍력 단지, LNG 터미널, 수소 인프라 역시 장기 사용을 전제로 합니다.

이런 자산은 초기 투자비가 크지만, 운영이 시작되면 비교적 안정적인 현금흐름을 만들어냅니다. 자산관리에서 이런 구조는 중요합니다. 단기 수익률이 높지 않더라도, 긴 시간 동안 현금흐름이 이어지기 때문입니다.

실제로 글로벌 연기금과 보험사들은 오래전부터 에너지 인프라를 핵심 자산으로 편입해왔습니다. 캐나다 연금투자위원회CPPIB는 북미와 유럽의 송전망과 재생 에너지 자산에 장기 자본을 투입해왔습니다. 네덜란드 연금APG과 덴마크 연금PFA은 해상풍력 단지와 전력 인프라에 지속적으로 투자해왔습니다. 이들의 공통점은 높은 수익률을 추구하지 않는다는 점입니다. 대신 예측 가능한 현금흐름과 제도적 안정성을 중시합니다.

이런 투자 성향은 에너지 산업의 구조와 맞닿아 있습니다. 에너지는 완전한 시장 상품이 아닙니다. 전력요금은 물가와 산업 경쟁력에 영향을 미치고, 공급 안정성은 국가 안보와 직결됩니다. 그래서 에너지 산업은 과거에도, 지금도, 앞으로도 정책과 규제의 영향을 받을 수밖에 없습니다. 자산관리의 관점에서 중요한 것은 정책의 신뢰성입니다. 정책이 자주 바뀌면 투자자는 더 높은 위험 프리미엄을 요구하고, 그 결과 자본비용은 올라갑니다.

● 좋은 기술과 좋은 투자는 다르다

자본비용은 에너지 전환의 핵심 변수입니다. 에너지 인프라는 초기 투자비가 크고 회수 기간이 깁니다. 이 때문에 금리와 위험 프리미엄이 조금만 변해도 사업성은 크게 달라집니다. 최근 몇 년간 미국과 유럽의 해상풍력 프로젝트 중 일부는 고금리 환경과 공사비 상승으로 재무 구조가 흔들렸습니다. 같은 기술을 사용하는 프로젝트라도 계약 구조와 위험 배분 방식에 따라 결과는 달랐습니다.

덴마크의 해상풍력 개발사 오스테드Ørsted는 장기 고정가격 계약을 기반으로 성장해온 기업입니다. 그러나 고금리 국면에서 일부 프로젝트는 예상보다 높은 비용 부담을 안게 되었고, 계약 조건이 재검토되었습니다. 반면 장기 계약에 물가 연동 조항이 포함된 프로젝트는 상대적으로 안정적인 수익 구조를 유지했습니다. 해상풍력의 사례는 계약 구조와 금융 조건의 중요성을 보여줍니다.

이런 사례들은 에너지 전환에서 '좋은 기술'과 '좋은 투자'가 다름을 보여줍니다. 투자자의 관점에서는 기술의 우수성보다 현금흐름을 안정적으로 확보하는 게 더 중요합니다.

시장 가격 등락에 그대로 노출되는 자산은 변동성이 큽니다. 반면 장기 전력구매계약(이하 'PPA')[5]이나 차액정산계약(이하 'CfD')[6]을 통해 수익이 고정된 자산은 채권과 유사한 성격을 가집니다. 연금 자산은 대체로 후자를 선호합니다.

또한 장기 계약은 프로젝트 파이낸싱의 조건을 개선하는 효과도 발휘합니다. 장기 계약을 통해 금융기관은 더 낮은 금리로 자금을 공급할 수 있고, 자기자본 투자자는 더 낮은 요구수익률로 참여할 수 있습니다. 그 결과 총 자본비용은 낮아지고, 동일한 설비라도 더 낮은 전력 가격으로 공급할 수 있게 됩니다. 장기 계약은 에너지 전환을 위한

---

5 전력구매계약Power Purchasing Agreement, PPA은 발전사업자가 생산한 전력을 일정 기간, 미리 정한 가격과 조건으로 특정 구매자에게 판매하기로 약정하는 계약입니다. 주로 발전소 건설 이전에 체결되며, 계약 기간은 10년에서 20년 이상인 경우가 많습니다. 이 계약을 통해 발전사업자는 향후 수익을 예측할 수 있어 금융 조달이 쉬워집니다. 금융기관도 장기 현금흐름이 확보된 사업으로 평가해 낮은 금리로 자금을 공급할 수 있습니다. 최근에는 재생 에너지 확대와 함께 기업들이 탄소 감축과 전력 비용 안정을 위해 전력구매계약을 적극 활용하고 있습니다.

6 차액정산계약Contract for Difference, CfD은 발전사업자가 전력을 판매할 때 시장 가격과 사전에 정한 기준 가격 사이의 차이를 정산해주는 제도입니다. 전력 시장 가격이 기준 가격보다 낮으면 정부나 공공기관이 그 차액을 보전해주고, 반대로 시장 가격이 기준 가격보다 높으면 초과 수익을 환수합니다. 이 구조를 통해 발전사업자는 가격 변동 위험을 크게 줄일 수 있습니다. 소비자 입장에서는 과도한 전기요금 상승을 억제하는 장치가 됩니다. 유럽에서 재생 에너지 투자를 확대하는 핵심 제도적 수단으로 활용되고 있습니다.

정책 수단이자, 자산관리 친화적인 시장 조건을 구성하는 핵심 장치입니다.

이 구조는 유럽에서 뚜렷하게 나타났습니다. 유럽 각국은 재생 에너지 확대 과정에서 장기 계약과 정책 보증을 활용해 민간 자본을 유치해왔습니다.

영국의 차액정산계약 제도는 대표적인 사례입니다. 이 제도는 전력 가격이 기준 가격보다 낮을 때 보조금을 제공하고, 높을 때는 초과 수익을 환수합니다. 이 방식은 투자자에게 수익 최저선을 보장하면서, 소비자에게 과도한 비용이 전가되는 걸 막습니다. 이 제도를 통해 해상풍력과 재생 에너지 프로젝트는 대규모 장기 금융을 확보할 수 있었습니다.

정책과 금융이 결합해 시장을 만든 사례는 미국에서도 확인됩니다. 미국은 세액공제를 활용해 재생 에너지 투자를 촉진해왔습니다. 태양광과 풍력 프로젝트에서 세액공제는 수익 구조의 일부로 작동하며, 이를 활용한 금융 상품도 함께 발전했습니다. 세액공제는 단순한 보조금이 아니라, 민간 금융의 참여를 유도하기 위해 설계된 정책입니다.

중국은 유럽, 미국과는 다른 접근법을 이용했습니다. 중국은 재생 에너지 보급 초기 단계부터 규모 확대에 집중했습니다. 정부 주도로 재생 에너지 설비를 대규모로 확충했고, 그 과정에서 공급망과 산업 생태계를 구축했습니다.

이 전략은 단기적으로는 돈을 낭비하는 비효율적인 정책으로 보였지만, 시간이 지나면서 단가는 빠르게 하락했습니다. 태양광, 풍력, 배터리 산업에서 중국 기업들이 글로벌 공급망의 강자로 부상한 배경에는 중국 정부의 전략적 선택이 있었습니다. 이러한 사례들을 에너지 전환이 시장 원리만으로 진행되지 않는다는 점을 보여줍니다.

● 에너지 투자에서 고려해야 할 것들

자산관리의 관점에서의 교훈은 분명합니다. 에너지 전환과 관련된 산업 상당수가 시장이 먼저 커졌기 때문에 관련 원가가 낮아지는 경로를 통해 발전했다는 점입니다. 이 경로에서는 국가의 정책 목표와 금융 동원 능력이 산업의 성패와 시장 구축에 결정적인 역할을 합니다. 에너지 전환 투자가 정치와 무관할 수 없는 이유입니다.

에너지 자산이 자산관리에서 주목받는 또 하나의 이유는 인플레이션과의 관계입니다. 은퇴 이후의 삶에서는 소득이 줄어드는 반면, 지출은 물가에 따라 증가합니다. 이때 도움이 되는 자산은 물가 상승기에 현금흐름이 유지되거나 증가하는 자산입니다. 에너지 자산 중 일부는 전기요금과 에너지 가격 변동에 연동되어 매출이 발생합니다.

물론 자동으로 인플레이션을 헤지하는 것은 아닙니다. 장기 계약에 물가 연동 조항이 있는지, 비용 구조가 어떻게 되어 있는지를 함께 봐야 합니다. 인플레이션 방어 자산이 될 수도 있고, 그렇지 않을 수도 있습니다.

한국의 상황을 고려하면 접근은 더 현실적이어야 합니다. 개인 투자자가 발전소나 전력망에 직접 투자하기는 쉽지 않습니다. 인프라 펀드, 그린본드, 에너지 관련 상장 기업을 통한 간접 투자가 주요 경로입니다. 이때도 원칙은 같습니다. 친환경이라는 이름만으로 자산의 성격이 결정되지는 않습니다. 어떤 현금흐름을 발생시키는지, 어떤 위험에 노출되는지를 봐야 합니다.

그린본드는 발행 주체의 신용과 상환 구조가 핵심입니다. 재생 에너지 기업에 투자한다고 해도, 실제로는 에너지 시장 가격 변동에 노출될 수 있습니다. 반대로 전통 에너지 기업이라도 장기 계약과 안정적인 현금흐름을 가진 자산은 방어적 성격을 가질 수 있습니다. 연금 투자를 위한 수십년 동안의 자산관리에서 안정적 현금흐름은 중요한 요구 조건입니다.

성격이 다른 자산을 조합하여 에너지 전환 투자에 접근하는 게 낫습니다. 장기 계약 기반 인프라 자산, 성장성이 있지만 변동성이 큰 기술 기업 주식, 이자율과 정책 변화에 민감한 채권 영역을 분리해 관리해야 합니다. 또한 만기 분산도 중요합니다. 에너지 전환은 긴 과정이므로, 현금흐름의 시작 시점과 만기를 분산하면 포트폴리오의 안정성이 높아집니다.

사회적 수용성 문제도 투자 리스크의 일부입니다. 입지 갈등과 송전망 갈등은 일차적으로 정치적 이슈이지만, 프로젝트 일정과 금융비용에도 많은 영향을 끼칩니다. 일정이 지연되면 금융비용이 늘고, 요구수익률이 올라갑니다. 주민 참여와 이익 공유 구조를 갖춘 프로젝트가 상대적으로 개발 일정 지연이 덜한 이유가 여기에 있습니다.

에너지 전환은 단기 유행이 아니며 장기 자산의 지형 변화를 수반합니다. 그리고 그 중심에는 전력 그리드를 포함한 다양한 에너지 인프라가 창출하는 현금흐름이 있습니다.

장기 투자자에게 중요한 질문은 '어떤 기술이 이길지'가 아니라, '어떤 사업 구조가 불확실성과 변동성을 극복하고 오래 버틸지'입니다. 정부 정책이 장기적인 방향성을 견지하고, 개별 사업이 현금흐름을 안정적으로 유지하며, 대규모 장기 금융이 자본비용을 낮추고, 시민사회가 합리적인 태도로 인프라 설치를 수용할 때 에너지 전환 투자는 성공적으로 결실을 거두게 됩니다.

핵심 정리

- 에너지 전환의 본질은 기술 승패가 아니라 자본이 장수명 인프라로 이동하는 과정이며, 투자 판단의 중심은 '무엇이 더 혁신적인가'가 아니라 '어떤 현금흐름이 오래 지속되는가'입니다.
- 태양광·풍력은 20~30년, 송배전망은 40~60년 수명을 전제로 하며, 에너지 기업 주식도 경기 변동에 무관한 기본 수요와 공급 필수성 때문에 인프라 자산에 가깝습니다.
- 정책 신뢰성과 자본비용이 전환 속도를 좌우하며, 금리·위험 프리미엄의 작은 변화가 해상풍력처럼 초기 투자가 큰 자산의 사업성과 계약 조건을 크게 흔듭니다.

장기 투자자는 '좋은 기술'보다 PPA · CfD처럼 수익을 고정하는 계약 장치를 우선해야 하며, 시장가격에 그대로 노출되는 자산보다 안정된 현금흐름을 보장하는 자산을 중시해야 합니다.

유럽의 CfD, 미국의 세액공제, 중국의 대규모 선투자처럼 에너지 전환은 정책과 금융이 함께 가는 경우가 많으므로, 정책의 지속성과 일관성이 중요한 변수입니다.

포트폴리오는 인프라 · 성장주 · 채권을 성격별로 분리하고 만기를 분산해야 하며, 입지 · 송전망 갈등 같은 사회적 수용성 리스크가 일정 지연과 금융비용 상승으로 직결됩니다.

전기화로 다시 짜는 에너지 시스템

화석연료 시스템에서 전기화로

● 나무와 숲을 함께 이해하라

에너지 분야 투자를 잘해서 연금을 안정적으로 불리려면, 결국 상품과 종목을 어떻게 고르느냐가 중요합니다. 워런 버핏은 "자신이 잘 아는 곳에 투자하라"라고 했는데, 이 조언은 에너지 투자에서도 그대로 적용됩니다.

하지만 광범위한 에너지 산업과 복잡한 공급망 전체를 숙지해야 한다는 뜻은 아닙니다. AI와 각종 툴을 이용하면 개별 기업이나 산업에 대한 분석을 어렵지 않게 얻을 수 있습니다. 개별 기업과 기술이라는 '나무'와 에너지 시스템 전체라는 '숲'을 함께 이해하는 게 중요합

니다. 에너지 시스템 고유의 물리적·경제적 특성을 파악하면 에너지
투자 성공 확률은 높아집니다.

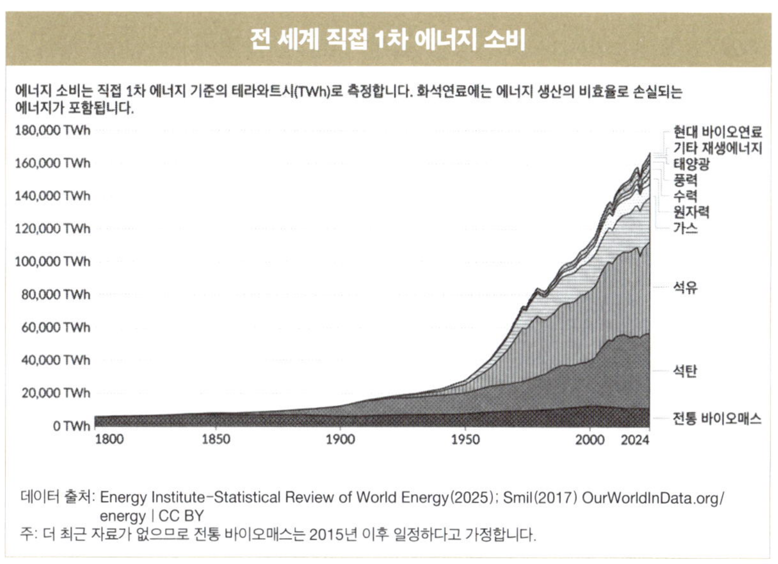

현대 에너지 시스템의 핵심은 여전히 화석연료입니다. 1970년대
두 차례의 오일 쇼크 이후 각국 정부와 기업들은 대체 에너지 개발에
막대한 자원을 투입해왔습니다. 원자력을 시작으로 바이오 에너지, 풍
력, 태양광 등 다양한 기술이 등장했지만, 그럼에도 불구하고 현재 전
세계 1차 에너지 공급에서 화석연료가 차지하는 비중은 약 81% 수준
입니다.

1차 에너지란 자연 상태에서 채취하거나 수집되는 에너지원, 즉 석
유·천연가스·석탄처럼 이용을 위한 전환 이전의 에너지를 의미합니
다. 이들 화석연료는 대부분 연소 과정을 통해 에너지로 이용됩니다.

연료를 태울 때 나오는 뜨거운 열을 이용해 재료를 가열하고, 엔진을 돌리고, 발전기를 구동합니다.

전기화의 시대라고 하지만, 에너지 시스템 전체를 보면 여전히 전기보다 '열'이 차지하는 비중이 훨씬 큽니다. 가정에서는 보일러와 가스레인지를 제외하면 대부분의 에너지를 전기의 형태로 사용하지만, 산업과 수송 부문을 포함한 전체 에너지 소비에서 열은 여전히 중요한 역할을 합니다.

1차 에너지가 자연 상태의 에너지원을 의미한다면, 에너지 소비량은 사용자가 특정 목적을 위해 실제로 활용한 에너지를 뜻합니다. 석유는 1차 에너지이지만, 휘발유로 만들어 자동차를 움직이는 운동 에너지로 쓰일 수도 있고, 램프에 채운 등유를 태워 빛 에너지로 활용할 수 있으며, 보일러 물을 끓이는 열 에너지로도 활용됩니다.

이처럼 최종적으로 활용되는 에너지 형태는 운동, 빛, 열 등으로 다양하며, 1차 에너지와 최종 에너지 소비량이 동일한 경우는 거의 없습니다. 전환 과정에서 필연적으로 손실이 발생하고, 열역학 법칙에 따라 연소 과정에서 발생한 에너지의 상당 부분은 유용한 형태로 사용하지 못한 채 방출됩니다.

화석연료는 에너지 밀도가 높고 지하에서 대량으로 채굴할 수 있어 상대적으로 원가가 낮고 취급이 용이합니다. 고체(석탄), 액체(석유), 기체(천연가스) 형태로 모두 존재하는 화석연료는 난방용 열을 제공하고, 자동차와 선박을 움직이며, 발전기를 돌려 전기를 생산합니다.

전 세계적으로 매년 소비되는 화석연료는 석탄 약 85억 톤, 원유

약 45억 톤, 천연가스 약 30억 톤에 달합니다. 이를 모두 석유로 환산하면 인류는 1인당 연간 약 2톤의 석유를 사용하는 셈입니다. 지난 60여 년간 화석연료 비중을 낮추기 위한 노력이 이어졌지만, 연간 비중 감소는 0.5%포인트에도 미치지 못합니다.

화석연료가 여전히 지배적인 이유는 가격 경쟁력과 잘 구축된 글로벌 공급망, 그리고 철강·시멘트·화학 산업처럼 고온의 열이 필수적인 공정에서 대체재가 마땅치 않기 때문입니다. 에너지 전환의 핵심 과제는 화석연료만큼 싸고, 편리하며, 깨끗한 에너지를 대량으로 생산·보급하는 데 있습니다. 여기에 더해, 인구 증가와 경제 성장으로 늘어나는 에너지 수요까지 함께 감당해야 한다는 점에서 전환의 난이도는 매우 높습니다.

화석연료로 인한 막대한 온실가스 배출은 큰 문제입니다. 현재 에너지와 관련된 전 세계 이산화탄소 배출량은 2024년 기준 연간 378억 톤으로 사상 최고치를 기록했으며, 이 중 대부분이 화석연료 연소에서 발생했습니다.

또한 화석연료는 특정 국가와 지역에 생산이 집중되어 있어 수입국 입장에서는 에너지 안보 측면의 구조적 취약성이 남습니다. 전 세계적으로 비축되어 있거나 유통 중인 석유와 가스의 양은 많게 잡아도 수개월치 수요를 충당하는 수준에 불과합니다. 따라서 중동과 같은 핵심 공급 지역의 지정학적 불안은 공급 위기로 이어질 수 있습니다. 기후위기 대응과 에너지 안보를 고려할 때, 화석연료 사용을 줄이는 것이 합리적입니다.

낮은 전환 효율 역시 화석연료의 단점입니다. 연소 과정에서 발생하는 열 가운데 상당 부분은 우리가 활용하지 못하고 자연으로 방출되는데, 이를 '폐열'이라 부릅니다. 통상 화석연료 연소 과정에서 발열량의 절반 이상이 폐열로 사라집니다. 이를 일부 회수할 수 있지만, 설비가 복잡해지고 시스템 운영 난이도가 올라갑니다. 천연가스를 태워 발전기를 돌리고 열도 회수해서 난방열로 공급하는 열병합 발전기는 효율이 80%가 넘지만, 이는 예외적인 경우입니다. 평균적인 석탄 발전소의 효율은 40% 미만이며 내연기관 차량의 에너지 전환 효율은 25% 내외입니다. 크게 보면, 화석연료 중심의 에너지 시스템에서는 1차 에너지의 거의 3분의 2가 생산·수송·변환·사용 과정에서 손실됩니다. 어렵게 채굴한 화석연료에서 나오는 에너지의 상당 부분을 매일 버리는 셈입니다.

전기는 1차 에너지가 아닙니다. 자연 상태에서 바로 얻을 수 있는 에너지가 아니라, 화석연료를 태우거나 원자핵 분열을 이용하거나, 태양광과 풍력으로 발전기를 돌려 만들어야 얻을 수 있습니다. 이 때문에 전기는 흔히 2차 에너지로 분류됩니다. 1차 에너지에서 전기를 만드는 과정에서 많은 손실이 발생함에도 불구하고, 인류가 전기를 선택해 온 이유는 최종 에너지로의 전환이 매우 편리하고 효율적이기 때문입니다.

등유 램프의 빛 전환 효율이 1% 미만인 반면, 최신 LED 조명의 효율은 40% 수준입니다. 내연기관의 효율이 25% 수준인 데 비해, 전기 모터는 90%에 달합니다. 또한 등불의 그을음이나 내연기관의 매연과 달리, 전기 기기는 사용 과정에서 오염 물질을 배출하지 않습니다. 효율이 높고 깨끗하며 전환이 간편한 전기에 대한 수요가 앞으로도 계속 증가할 것이라는 점은 매우 자연스러운 결과입니다.

● 에너지는 본질적으로 크고 무겁다

에너지 시스템을 이해하는 데 있어 짚고 넘어가야 할 점은, 에너지가 본질적으로 거대하고 무거운 물리적 인프라를 통해 공급된다는 사실입니다. 에너지는 데이터처럼 인터넷을 통해 복제·전송되는 대상이 아니며, 반드시 실제 물질과 설비를 통해 생산되고 이동하며 전환됩니다. 이 물리적 제약이 에너지 전환의 속도와 방식, 그리고 투자 구조를 근본적으로 규정합니다.

전 세계 에너지 시스템은 매년 수십억 톤의 물질을 채굴하고, 운송하고, 연소하고, 다시 폐기하는 과정을 반복합니다. 2024년 기준 전 세계에서는 연간 85억 톤의 석탄, 45억 톤의 원유, 그리고 약 30억 톤의 천연가스가 사용되었습니다. 이 숫자들 뒤에는 광산·유전·가스전, 항만·철도·파이프라인, 발전소·정유소·보일러 등 수많은 물리적 설비가 존재합니다.

석탄을 예로 들면, 광산에서 여행이 시작됩니다. 노천광과 갱도에서 채굴된 석탄은 철도나 트럭을 통해 항만이나 발전소로 이동합니다. 대형 석탄 화력발전소 하나는 연간 수백만 톤의 석탄을 안정적으로 공급받아야 정상적으로 운영될 수 있습니다. 이 석탄을 태워 발생한 열은 증기를 만들고, 증기는 터빈을 돌려 전기를 생산합니다. 이후 전기는 다시 송전망을 통해 수백 킬로미터를 이동해 소비자에게 전달됩니다. 생산, 운송, 전환, 소비의 각 단계는 서로 긴밀하게 연결되어 있으며, 어느 한 단계라도 차질이 생기면 전체 시스템이 흔들립니다.

천연가스 역시 마찬가지입니다. 천연가스는 유전이나 가스전에서 생산된 뒤, 고압 파이프라인을 통해 수천 킬로미터를 이동하거나 액화 LNG 과정을 거쳐 선박으로 운송됩니다. LNG의 경우 영하 -162℃까지 냉각해 부피를 약 600분의 1로 줄인 뒤 운송해야 하며, 수입국에서는 다시 기화 설비를 거쳐야만 사용할 수 있습니다. 이 모든 과정에는 막대한 설비 투자와 에너지 투입이 필요합니다. 가스 발전소나 도시가스망은 이 공급이 하루라도 끊기면 즉각적인 영향을 받습니다.

석유 공급망은 또 다른 형태의 복잡성을 가집니다. 원유는 중동, 북미, 러시아 등 제한된 지역에서 생산된 뒤 초대형 유조선을 통해 이동합니다. 하루 1억 배럴에 달하는 석유 소비를 감당하기 위해 전 세계에는 수천 척의 유조선과 수백 개의 정유 시설, 수만 킬로미터의 파이프라인이 연결되어 있습니다. 정유소에서는 원유를 휘발유, 디젤, 항공유, 석유화학 원료 등으로 분리·가공하고, 이 제품들은 다시 도로·항만·주유소를 통해 최종 소비자에게 전달됩니다. 이처럼 석유 시스템은 단순한 연료 공급이 아니라, 현대 산업과 물류 시스템 전반을 떠받치는 인프라입니다.

전기는 외형상 가장 '깨끗하고 단순해 보이는' 에너지이지만, 물리적 관점에서는 다른 에너지 공급망 대비 훨씬 더 복잡한 공급망을 필요로 합니다. 전기는 대규모 발전소에서 생산된 뒤, 고압 송전망을 통해 이동하고, 변전소를 거쳐 저압 배전망으로 나뉘어 수천만 개의 소비 지점에 동시에 공급됩니다. 전 세계 전력망은 수백만 킬로미터의 송·배전선과 수십만 개의 변전 설비로 구성되어 있으며, 이 네트워크는 초당 50Hz 또는 60Hz의 주파수를 정밀하게 유지해야만 안정적으로 작동합니다.

이처럼 에너지 시스템은 단일 기술이나 단일 산업으로 설명할 수 있는 대상이 아닙니다. 각각의 에너지원은 고유한 물리적 특성을 지니고 있으며, 그 특성에 맞는 인프라와 공급망이 오랜 시간에 걸쳐 구축되어왔습니다. 에너지 전환은 이 거대한 물리적 구조를 한꺼번에 바꾸는 일이 아니라, 이미 존재하는 인프라 위에 새로운 설비와 네트워크를 덧붙이고 조정하는 과정에 가깝습니다. 이 점을 이해하지 못하면, 에너지 전환의 속도와 난이도를 과소평가하기 쉽습니다.

● 다수가 얽힌 거대한 네트워크

에너지 시스템의 또 다른 핵심적인 특징은, 그것이 단순한 공급 사슬이 아니라 다수의 참여자가 얽힌 거대한 네트워크라는 점입니다. 에너지는 생산-운송-전환-소비라는 일련의 단계를 거치지만, 이 단계들은 직선적으로 이어진 파이프가 아니라 서로 영향을 주고받는 그

물망 구조에 가깝습니다. 이 때문에 에너지 시스템은 직관적으로 이해하기 어렵고, 작은 변화가 예상보다 큰 결과를 낳기도 합니다.

전력 시스템에서 이런 특성이 뚜렷이 나타납니다. 전기는 발전소에서 생산되지만, 생산과 소비는 항상 동시에 일어나야 합니다. 발전소 운영자, 송전망 운영자, 배전회사, 산업용 수요자, 가정용 소비자는 모두 하나의 전력망에 연결되어 있으며, 이들 중 어느 한쪽의 행동 변화도 전체 시스템에 영향을 미칩니다.

예컨대 한여름 폭염으로 냉방 수요가 급증할 경우, 발전량을 즉각 늘리지 못하면 전력망 전체의 주파수가 흔들릴 수 있습니다. 주파수가 허용 범위를 벗어나면 보호 장치가 작동하며 일부 지역의 전력이 강제로 차단됩니다. 이른바 대규모 정전은 대부분 단일 설비의 고장이 아니라, 연쇄적인 반응의 결과로 발생합니다.

천연가스 역시 네트워크적 성격이 강합니다. 가스는 저장이 가능하다고는 하지만, 실제로는 파이프라인의 흐름과 압력 조절에 크게 의존합니다. 특정 지역에서 수요가 급증하면 다른 지역으로 공급되던 가스 흐름이 바뀌고, 이 과정에서 압력 조정과 공급 제한이 발생할 수 있습니다.

2021년 미국 텍사스 한파 사태에서 확인되었듯, 가스 생산·수송·발전이 동시에 영향을 받으면 전력과 가스 시스템이 함께 붕괴되는 상황도 벌어질 수 있습니다. 에너지 시스템은 개별 에너지원별로 독립적으로 존재하는 것이 아니라, 서로 얽혀 있는 복잡한 네트워크입니다.

석유 공급망에서도 네트워크 효과는 강하게 나타납니다. 중동 지역의 지정학적 긴장이 고조되면, 실제 물리적 공급 차질이 발생하지 않더라도 국제 유가가 먼저 반응합니다. 이는 석유가 단순한 상품이 아니라, 재고, 해상 운송, 정유 능력, 금융 시장이 결합된 네트워크 자산이기 때문입니다. 하루 수천만 배럴이 오가는 시스템에서는, 특정 해협이나 항만이 차단될 가능성만으로도 전체 시장의 기대가 바뀌고 가격이 요동칩니다.

이처럼 에너지 시스템은 복잡계complex system의 전형적인 특징을 보입니다. 에너지 시스템에서는 변화가 점진적으로만 나타나지는 않습니다. 작은 변화가 오랜 시간 누적되다가 특정 임계점에 도달하면, 그 이후에는 급격한 전환과 불안정성이 동시에 나타납니다. 평소에는 문제가 없어 보이던 시스템이 어느 순간 갑자기 흔들리는 이유가 여기에 있습니다.

예를 들어 재생 에너지 비중이 낮을 때는 전력망 운영에 큰 문제가 없어 보일 수 있습니다. 태양광과 풍력의 출력 변동도 기존 화력 발전소들이 충분히 흡수할 수 있기 때문입니다. 하지만 재생 에너지 비중이 일정 수준을 넘어서면 상황이 달라집니다. 출력 변동이 누적되면서 계통 안정성이 급격히 나빠지고, 추가적인 조정 전원이나 저장 설비 없이는 시스템 전체가 흔들리기 시작합니다. 이 지점이 바로 임계점입니다. 임계점 이전에는 '별 문제없다'는 인식이 지배적이지만, 임계점을 넘는 순간 "왜 이렇게 갑자기 문제가 터졌지?"라는 질문이 등장합니다.

송전망도 비슷합니다. 초기에는 기존 송전망을 활용해 신규 발전 설비를 연결할 수 있습니다. 하지만 어느 순간 송전선의 용량이 포화되면, 그 이후로 건설되는 발전 설비는 아무리 싸고 효율적이어도 계통에 연결될 수 없습니다. 이때부터는 송전망 증설이라는 또 다른 대규모 인프라 투자가 필요합니다.

문제는 송전망 증설이 사회적으로 매우 어려운 사업이라는 점입니다. 주민 수용성, 환경 규제, 토지 이용 갈등이 동시에 얽히면서 프로젝트는 수년에서 수십년씩 지연되곤 합니다. 이 역시 선형적 변화가 아닌, 임계점을 넘어서며 나타나는 구조적 병목입니다.

이러한 복잡계적 특성 때문에 에너지 시스템은 단순한 추세 외삽으로는 이해하기 어렵습니다. '재생 에너지가 싸졌으니 곧바로 화석연료를 대체할 것'이라는 식의 단순한 논리는, 물리적 인프라와 네트워크의 제약을 간과한 판단입니다. 에너지 전환은 기술 비용 곡선만으로 결정되지 않습니다. 기존 시스템과의 상호작용 속에서 점진적이면서도 때로는 급격한 변화를 동시에 만들어냅니다.

이 점은 투자 관점에서도 중요합니다. 에너지 산업에서는 일정 기간 동안 큰 변화가 없어 보이다가, 특정 조건이 충족되면 투자 환경이 급변하는 경우가 많습니다. 규제, 인프라, 기술, 수요가 맞물려 임계점을 넘는 순간, 자본의 흐름이 갑자기 바뀌는 것입니다. 반대로 임계점 이전에는 아무리 좋은 기술과 정책이 있어도 시장이 움직이지 않는 경우도 흔합니다.

에너지 시스템이 복잡계라는 사실은 또 하나의 중요한 특성을 동반합니다. 바로 '경로 의존성path dependence'입니다. 경로 의존성이란, 과거에 어떤 선택을 했는지가 현재와 미래의 선택지를 강하게 제한하는 현상을 의미합니다. 에너지 인프라는 이 특성이 특히 강하게 나타나는 영역입니다.

석탄, 석유, 천연가스, 전기 각각은 단순한 연료가 아니라, 그 연료에 맞춰 설계된 발전소, 보일러, 엔진, 수송 수단, 공장 설비 그리고 규제와 제도의 집합체입니다. 예를 들어 내연기관 자동차가 표준이 된 사회에서는 정유공장, 주유소, 도로망, 차량 정비 산업, 관련 세제까지 모두 하나의 체계로 맞물려 있습니다. 이 체계가 존재하는 한, 단순히 "전기차가 더 효율적이다"라는 이유만으로 내연기관 기반 시스템이 빠르게 사라지기는 어렵습니다. 기존 인프라가 아직 사용 가능하고, 여기에 투자된 자본이 회수되지 않았기 때문입니다.

전력 시스템에서도 같은 현상이 나타납니다. 대규모 석탄·가스 발전소를 중심으로 설계된 전력망은, 출력이 안정적인 발전원을 전제로 운영됩니다. 여기에 변동성이 큰 재생 에너지가 대거 유입되면, 계통 운영 방식 자체를 바꿔야 합니다. 이는 단순히 발전소 몇 기를 교체하는 문제가 아니라, 송전망 운영 규칙, 주파수 조정 방식, 예비력 기준, 전력 시장 설계까지 함께 바꾸는 일입니다. 이런 변화는 기술적 논의만으로는 해결되지 않고, 제도와 이해관계 조정이 필수적으로 뒤따릅니다.

이 때문에 에너지 전환은 일단 방향이 정해지고 나면 되돌리기 어려운 성격을 가집니다. 한 나라가 석탄 발전소 중심으로 전력 시스템을 설계했는지, 재생 에너지 중심으로 설계했는지에 따라 이후 수십 년간의 투자 경로가 달라집니다. 송전망의 형태, 전력 시장 규칙, 산업 구조가 함께 굳어지기 때문입니다. 에너지 전환이 단순한 기술 선택이 아니라, 사회 전체의 장기적 경로 선택이라는 말이 나오는 이유입니다.

이런 특성은 정책과 투자 사이의 관계에서도 분명히 드러납니다. 에너지 인프라는 민간 자본만으로 구축되기 어렵고, 정부의 명확한 방향 제시와 제도적 뒷받침이 필수적입니다. 하지만 일단 정책 방향이 정해지고 대규모 투자가 이루어지면, 그 이후에는 정책을 쉽게 되돌리기 어렵습니다. 이미 건설된 발전소와 송전망, 항만과 저장 시설은 정치적 논쟁의 대상이 되더라도 물리적으로는 그대로 존재하기 때문입니다.

이 점에서 에너지 시스템은 고속도로와 비슷합니다. 고속도로가 한번 건설되면, 교통 수요는 그 도로를 중심으로 재편됩니다. 나중에 다른 노선을 택하는 것이 더 합리적으로 보이더라도, 이미 깔린 도로와 주변 개발을 무시하기는 어렵습니다. 에너지 인프라도 마찬가지입니다. 특정 에너지원에 맞춰 깔린 인프라는, 그 에너지원의 사용을 오히려 장려하는 방향으로 사회를 끌고 갑니다.

복잡계와 경로 의존성은 에너지 전환의 속도를 늦추는 요인처럼 보일 수 있습니다. 실제로 단기적으로는 그렇습니다. 그러나 동시에 이 특성은, 전환이 일정 수준을 넘어서면 되돌릴 수 없을 만큼 강력해진다는 점도 의미합니다. 임계점을 넘은 이후에는 변화가 빠르게 확산

됩니다. 재생 에너지 비중이 일정 수준을 넘어서고, 관련 산업과 인력이 충분히 형성되면, 기존 화석연료 중심 시스템으로 되돌아가는 비용이 오히려 더 커집니다.

투자 관점에서 보면, 이는 중요한 시사점을 제공합니다. 에너지 전환 투자는 단기 가격 변동이나 기술 우열 경쟁만으로 판단하기 어렵습니다. 어느 지점에서 정책, 인프라, 산업 생태계가 함께 임계점을 넘을 것인지를 가늠하는 일이 중요합니다. 임계점을 넘어가면 지지부진했던 투자들의 성과가 가시화되고, 정부 정책과 변화의 관성이 맞물려 전환이 빨라지게 됩니다.

에너지 시스템은 거대한 물리적 인프라 위에 구축된 네트워크이며, 생산·운송·전환·소비의 각 단계가 긴밀하게 얽혀 있는 복잡한 구조를 가집니다. 과거에 어떤 에너지원과 인프라를 선택했는지는 이후의 선택지를 강하게 제약하며, 이러한 경로 의존성은 시스템 전반에 깊게 작용합니다. 또한 에너지 시스템은 선형적으로 변화하지 않고, 일정한 임계점을 기준으로 누적된 변화가 한꺼번에 표출되는 특징을 보입니다.

이러한 특성 때문에 에너지 전환은 느리게 시작되지만, 한번 궤도에 오르면 되돌리기 어려운 장기적 변화가 됩니다. 그리고 바로 이 점이, 에너지 전환을 단순한 환경 이슈가 아니라 자산과 산업 구조의 재편 과정으로 이해해야 하는 이유이기도 합니다.

에너지 시스템을 살펴볼 때 흔히 이용되는 지표가 연간 소비량이나 평균 사용량입니다. 연간 전력 소비량이 얼마인지, 1인당 에너지 사용량이 얼마나 되는지, 재생 에너지가 전체 전력의 몇 퍼센트를 차지하는지와 같은 수치들이 대표적입니다. 이런 지표들은 분명 중요한 정보를 담고 있지만, 동시에 에너지 시스템의 핵심적인 취약점을 가리는 역할을 하기도 합니다. 특히 전력망과 같은 실시간 시스템에서는 평균값이 오히려 현실을 왜곡하는 경우가 적지 않습니다.

전력 시스템의 가장 중요한 특성은 수요와 공급이 순간순간 일치해야 한다는 점입니다. 전기는 대규모로 저장하기 어렵기 때문에, 어느 한 시점이라도 공급이 수요를 따라가지 못하거나 수요 대비 공급이 너무 많으면 즉각 문제가 발생합니다. 정전은 연간 평균 전력 생산량이 부족해서 생기는 것이 아니라, 특정 시점의 수요와 공급의 차이가 커질 때 발생합니다. 따라서 전력망의 안정성은 '평균적으로 충분한가'가 아니라, '가장 힘든 순간을 버틸 수 있는가'에 의해 결정됩니다.

이와 관련된 비유가 있습니다. 한 도시의 평균 강수량이 기준 이하여도 홍수가 일어날 수 있습니다. 연간 내리는 비의 양이 아니라, 단 하루라도 폭우가 쏟아질 때 하천과 배수 시스템이 이를 감당할 수 있는지 여부가 중요합니다. 에너지 시스템도 마찬가지입니다. 연간 평균 전력 소비량이나 평균 발전량은 중요하지만, 혹서기나 혹한기에 발생하는 최대 수요, 즉 피크 수요를 감당할 수 있는지가 훨씬 더 중요합니다.

실제로 많은 국가에서 전력망 설계의 출발점은 평균이 아니라 피크 수요입니다. 예를 들어 여름철 폭염이나 겨울철 한파가 발생하면 냉방과 난방 수요가 동시에 급증합니다. 이때 전력 수요는 평상시보다 30~50% 이상 높아질 수 있습니다. 전력망은 1년에 몇 시간 혹은 며칠밖에 나타나지 않는 이 극단적인 수요를 기준으로 설계됩니다. 평균 수요만 놓고 보면 '과잉 설비'처럼 보일 수 있지만, 이 여유가 없다면 전력 시스템은 붕괴됩니다.

에너지 전환 논의에서 이 피크 개념이 종종 간과됩니다. 예를 들어 "재생 에너지가 연간 전력 수요의 40%를 충당한다"라는 표현은 매우 인상적입니다. 하지만 어떤 시간대에 재생 에너지가 생산되었는지, 피크 수요 시간과 얼마나 겹치는지에 따라 의미는 달라집니다. 태양광 발전은 낮 시간대에 집중되고, 풍력은 계절과 기상 조건에 따라 출력이 크게 변동합니다.

반면 전력 수요의 피크는 폭염이 지속되는 늦은 오후나, 한파가 심한 겨울 아침 혹은 저녁에 발생하는 경우가 많습니다. 연간 평균으로 보면 충분해 보이는 재생 에너지 설비가, 정작 가장 중요한 순간에는 거의 기여하지 못하는 상황도 충분히 발생할 수 있습니다.

이 때문에 전력 시스템을 평가할 때는 '얼마나 많이 생산하는가'뿐 아니라, '언제 생산하는가'를 함께 봐야 합니다. 동일한 연간 발전량을 가진 두 에너지원이라도, 피크 시간대에 기여하는 정도가 다르면 시스템 가치system value는 크게 달라집니다. 전력망 운영자와 정책 당국이 용량capacity과 출력 특성profile을 따로 관리하는 이유가 여기에 있습니다.

평균값 중심 사고의 한계는 에너지 저장 문제에서도 드러납니다. 재생 에너지가 확대될수록 출력 변동성은 커집니다. 맑은 날과 흐린 날, 바람이 강한 날과 잔잔한 날 사이의 차이는 매우 큽니다. 연간 평균으로 보면 충분한 발전량을 확보했더라도, 연속된 며칠간 발전량이 크게 떨어지는 상황을 고려하지 않으면 전력 시스템은 불안정해집니다. 이 불확실성을 흡수하는 장치가 바로 에너지저장시스템ESS입니다.

여기서 저장의 역할은 단순히 '남는 전기를 모아두는 것'이 아닙니다. 에너지저장시스템은 생전력 생산과 소비의 시간적 불일치를 완화하고, 피크와 변동성을 흡수하는 완충 장치입니다. 그러나 저장 역시 평균이 아니라 최악의 상황을 기준으로 설계되어야 합니다. 에너지 시스템의 종합적인 역량을 평가하려면, 단순한 발전량 지표를 넘어 피크 수요 대응 능력과 저장 여력까지 함께 고려해야 합니다. 평균값만 보면 에너지 전환은 상당히 진전된 것처럼 보일 수 있지만, 피크와 저장이라는 관점에서 보면 아직 해결해야 할 과제가 많이 남았다는 사실이 드러납니다.

저장 문제를 조금 더 들여다보면, 에너지 시스템에서 말하는 저장은 단일한 개념이 아니라는 점이 분명해집니다. 흔히 배터리를 떠올리며 '저장이 늘어나면 문제는 해결된다'고 생각하기 쉽지만, 얼마나 오래 저장해야 하는가에 따라 문제는 달라집니다. 하루 단위의 변동을 흡수하는 저장과, 수일·수주·계절 단위의 변동을 흡수하는 저장은 다른 차원의 문제입니다.

예를 들어 태양광 발전이 많은 지역에서는 낮 동안 잉여 전력이 발생하고, 밤에는 전력이 부족해집니다. 이 경우 몇 시간에서 하루 정도를 커버하는 저장 설비만 있어도 상당 부분의 불균형을 완화할 수 있습니다. 반면 겨울철에 태양광 발전량이 수주 동안 낮게 유지되거나, 바람이 거의 불지 않는 기상 패턴이 이어지는 경우에는 상황이 달라집니다. 이때 필요한 저장은 단순한 배터리가 아니라, 대규모 장기 저장 수단입니다. 저장의 '양'뿐 아니라 '기간'도 함께 고려해야 합니다.

이 때문에 전력 시스템은 설계 단계에서부터 평균적인 하루가 아니라 최악의 하루, 혹은 최악의 연속 기간을 기준으로 판단합니다. 전력망 운영자에게 중요한 질문은 "연간 평균 발전량이 충분한가?"가 아니라, "가장 춥고, 가장 덥고, 가장 바람이 안 부는 날을 동시에 버틸 수 있는가?"입니다. 이 질문에 답하지 못하면 시스템은 언제든 위기에 빠질 수 있습니다.

● 전기화가 주목받는 네 가지 이유

앞선 논의를 종합하면, 에너지 전환의 핵심은 '깨끗한 에너지를 얼마나 많이 생산하느냐'라기보다는 '깨끗한 에너지로 피크 수요를 감당하고 불확실성을 흡수할 수 있는 시스템을 구축할 수 있느냐'입니다. 그러므로 전기화electrification를 단순히 전기를 더 많이 쓰는 트렌드를 넘어, 현재의 에너지 시스템을 재구성하는 전략으로 이해해야 합니다. 전기화를 통해 에너지 전환의 핵심 문제를 슬기롭게 풀어갈 수 있습니다. 전기화가 주목받는 이유는 네 가지로 볼 수 있습니다.

첫 번째는 전환 효율의 차이입니다

동일한 최종 서비스를 제공할 때, 전기는 다른 에너지원에 비해 훨씬 적은 1차 에너지를 필요로 합니다. 예를 들어 내연기관 자동차의 에너지 전환 효율은 25% 이하입니다. 연료를 태워 얻은 에너지의 4분의 3가량이 열로 버려집니다.

반면 전기차의 구동 효율은 모터 기준으로 최대 90%에 달합니다. 동일한 거리를 이동하는 데 필요한 최종 에너지 기준으로 보면, 전기차는 내연기관차 대비 에너지 사용량을 절반 이하로 줄일 수 있습니다. 이를 통해 에너지 시스템 전체의 부하를 낮추는 효과를 기대할 수 있습니다.

난방에서도 같은 논리가 적용됩니다. 천연가스 보일러의 효율은 최신 설비라도 90% 안팎이 한계입니다. 반면 전기 히트펌프는 전기를 이용해서 외부 열을 끌어오므로, 투입 전력 대비 3~4배의 열을 공급할 수 있습니다.

이를 계수로 표현한 것이 COP(성능계수)[7]인데, 선진국에서 보급되는 히트펌프의 COP는 보통 3 이상입니다. 즉 동일한 난방 서비스를 제공할 때 전기 히트펌프는 가스 보일러 대비 1차 에너지 요구량을 크게 줄입니다. 전기화는 에너지 시스템 차원의 효율을 높이는 효과가 있습니다.

두 번째는 전기가 에너지 전환의 공통 언어라는 점입니다

석탄, 석유, 천연가스, 원자력, 태양광, 풍력은 서로 직접 대체되기 어렵고 별도의 인프라와 네트워크를 요구합니다. 하지만, 전기라는 형태로 변환되면 동일한 네트워크에서 관리할 수 있습니다. 태양광과 풍력은 발전량이 변동적이지만, 일단 전기로 변환되면 저장, 수송, 제어의 대상이 됩니다. 이 덕분에 전기화는 다양한 에너지원의 통합을 가능하게 하는 접착제 역할을 하며 이를 통해 에너지 시스템 전체의 설비 투자 규모와 효율이 개선될 수 있습니다. 또한 석탄, 석유, 천연가스 그 자체의 사용을 줄이는 것보다는 전기화를 통해 대체한 후 전기의 탈탄소화를 하면 에너지 전환에 유리합니다.

그래서 전 세계 에너지 전환은 전력 부문에서 우선 진행되고 있습니다. IEA에 따르면, 2024년 기준 전력 부문은 전 세계 에너지 부문 온실가스 배출의 약 40%를 차지하지만, 동시에 탈탄소화가 가장 빠르게 진행되는 부문이기도 합니다. 전 세계 신규 발전 설비의 80% 이

---

7 COP(성능계수)는 히트펌프나 냉난방 설비의 효율을 나타내는 지표입니다. 투입한 전기에너지 대비 얼마나 많은 열에너지를 얻는지를 수치로 표현합니다. 예를 들어 COP가 4라면 전기 1을 사용해 열 4를 생산한다는 뜻입니다.

상이 재생 에너지였고, 그중 태양광과 풍력이 대부분을 차지했습니다. 이는 수송이나 산업 부문보다 전력 부문에서의 기술 전환과 제도 개편이 상대적으로 용이하기 때문입니다.

세 번째는 전기화가 피크 문제를 관리 가능한 형태로 바꾼다는 점입니다

언뜻 보면 전기화는 전력 수요를 폭증시키는 선택처럼 보입니다. 실제로 전기차와 전기 난방이 확산되면 전력 수요는 증가합니다. 그러나 중요한 것은 전력 수요의 '형태'입니다. 전기 수요는 가격 신호와 제어 기술을 통해 조정할 수 있는 여지가 큽니다. 반면 석유나 가스 수요는 사용 시점을 세밀하게 관리하기 어렵습니다.

예를 들어 전기차는 하루 24시간 중 언제든 충전할 수 있습니다. 모든 전기차가 퇴근 직후 동시에 충전하면 피크는 급증하지만, 요금 차등이나 자동 제어를 적용하면 심야 시간으로 수요를 분산시킬 수 있습니다. 실제로 일부 국가에서는 시간대별 전기요금제 도입만으로도 전기차 충전 피크를 20~30% 이상 낮춘 사례가 보고되고 있습니다. 이는 전기화가 피크를 키우는 동시에, 피크를 관리할 수 있는 수단도 함께 제공한다는 점을 보여줍니다.

산업 부문에서도 전기화는 유사한 효과를 냅니다. 전기로 기반 공정은 디지털 제어와 결합하기 쉽기 때문에, 수요반응[DR 8]을 통해 전력망 안정화에 기여할 수 있습니다. 반면 화석연료 기반 고온 공정은 가동을 멈추거나 조정하기 어렵고, 유연성이 낮습니다. 전기화는 에

너지 소비를 '고정된 부담'에서 '조정 가능한 자원'으로 바꾸는 역할을
합니다.

마지막으로 전기화는 저장 문제를 하나의 축으로 통합합니다

석유는 석유 저장, 가스는 가스 저장, 석탄은 석탄 저장이라는 식으로 에너지원별 저장이 필요했던 것과 달리, 전기화된 시스템에서는 저장의 초점이 전기로 모입니다. 비록 전기 그 자체의 저장은 아직 복잡하고 어렵지만 배터리, 양수발전, 열 저장, 수소 등 다양한 기술이 등장하고 확산 중입니다.

이들 에너지 저장 시스템이 빠르게 보급되면서 기술 성숙과 가격 하락이 발생하기 시작했습니다. 예를 들어 전 세계 배터리 설치 용량은 2015년 대비 2024년에 약 20배 이상 증가했으며, 단위 용량당 비용은 같은 기간 80% 이상 하락했습니다. 이는 전기차 시장과 전력 저장 시장이 결합되면서 수요가 빠르게 확대된 결과입니다. 전기화는 저장 기술의 수요를 한 축으로 모으고, 그 결과 규모의 경제와 학습 효과가 동시에 작동하면서 비용 하락과 기술 성숙을 가속합니다.

---

8   수요반응Demand Response, DR은 전력 공급 상황이나 가격 신호에 따라 소비자가 전력 사용량이나 사용 시간을 조절하는 제도입니다. 전기가 부족하거나 가격이 높을 때 사용을 줄이고, 전기가 남거나 가격이 낮을 때 사용을 늘리는 방식입니다. 발전소를 더 짓지 않고도 전력 시스템의 균형을 맞출 수 있는 수단입니다. 전기차 충전 시간 조정, 공장 가동 시간 이동, 건물 냉난방 제어가 대표적인 사례입니다.

전기화는 핵심 전략이지만 만능 해법은 아니다

이런 맥락에서 전기화는 단순히 에너지원 하나를 다른 것으로 대체하는 수준의 일이 아닙니다. 전기화는 동일한 서비스를 제공하는 데 필요한 1차 에너지를 줄여 시스템 전반의 부담을 낮추고, 석탄·석유·천연가스·재생 에너지처럼 성격이 다른 에너지원들을 전기라는 공통된 형태로 묶어 하나의 네트워크 안에서 관리할 수 있게 만듭니다. 또한 수요를 세밀하게 제어할 수 있는 전기적 특성을 통해 피크 수요를 완화하고, 저장과 제어를 결합한 새로운 운영 방식을 가능하게 합니다.

이 때문에 전기화는 에너지 전환이 어느 정도 진행된 뒤에 따라오는 결과라기보다, 에너지 전환 자체를 작동하게 만드는 전제 조건에 더 가깝습니다. 전기화가 진전될수록 전환의 속도와 범위는 기술 하나하나의 우열이 아니라, 전력망과 저장, 제어 인프라를 중심으로 한 시스템 설계에 의해 좌우되게 됩니다.

그러나 전기화가 모든 문제의 해답은 아닙니다. 오히려 전기화는 에너지 시스템의 부담을 '보이지 않던 곳에서 보이는 곳으로' 이동시키는 측면도 가지고 있습니다. 화석연료 기반 시스템에서는 석유 저장소나 가스 저장시설, 연료 재고가 완충 장치 역할을 했습니다. 반면 전기화된 시스템에서는 이 완충 기능이 전력망과 저장 설비로 집중됩니다. 전기화가 진전될수록, 그리드의 역할은 더 중요해지고 부담은 더 커집니다.

가장 직접적인 문제는 피크 수요의 확대입니다. 전기차와 전기 난방이 동시에 확산되면, 특정 시간대의 전력 수요는 지금보다 훨씬 커질 수 있습니다. 예를 들어 한겨울 저 시간에 전기 히트펌프 난방이 본격적으로 가동되고, 동시에 전기차 충전이 이루어진다면, 기존 전력망이 감당해야 할 최대 부하는 급격히 상승합니다. 일부 연구에서는 난방과 수송의 전기화가 본격화될 경우, 선진국의 피크 전력 수요가 현재 대비 30~70%까지 증가할 수 있다고 추정합니다. 연간 전력 소비 증가율보다 피크 증가율이 훨씬 가파를 수 있다는 뜻입니다.

이 문제는 송전망과 배전망에서 더욱 뚜렷하게 나타납니다. 발전 설비는 대규모 프로젝트로 비교적 계획적으로 증설할 수 있지만, 송·배전망은 지역별 수요 증가를 따라가지 못하는 경우가 많습니다. 실제로 미국과 유럽에서는 재생 에너지 발전 설비가 완공되고도 송전망 접속 대기 상태로 수년간 묶여 있는 사례가 적지 않습니다.

2024년 말 기준 미국에서 전력망 접속 대기 중인 발전 설비 용량은 2,290GW 수준인데, 이는 미국 전체 설치 발전 용량의 2배가 넘는 규모입니다. 기술이나 자본의 문제가 아니라, 그리드 증설 지연이 에너지 전환 속도를 제한하고 있는 것입니다.

전기화는 저장 문제도 더욱 분명하게 드러냅니다. 앞서 살펴본 것처럼, 단기 저장과 장기 저장은 다른 문제입니다. 전기차와 가정용 배터리는 몇 시간에서 하루 정도의 변동성을 흡수하는 데는 효과적이지만, 계절 간 격차를 해결하기에는 부족합니다.

예를 들어 북유럽이나 독일처럼 겨울철 전력 수요가 높고 태양광 발전량이 낮은 지역에서는, 수 주 단위의 저장 없이는 완전한 전기화

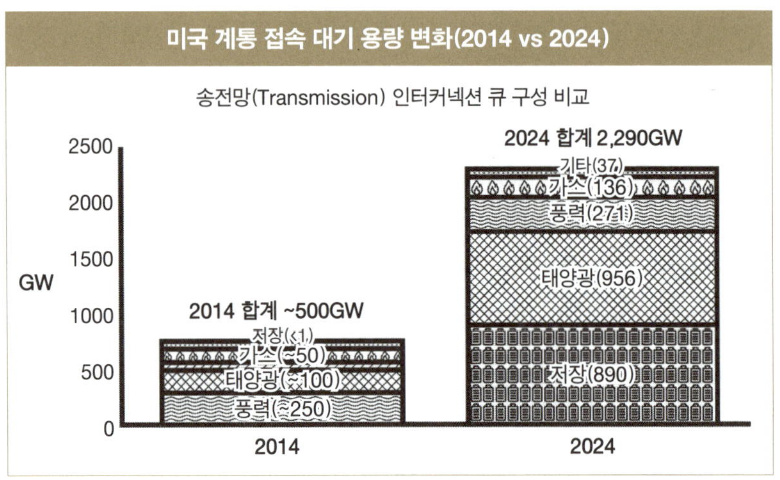

가 어렵습니다. 이 때문에 수소, 합성연료, 대규모 열 저장과 같은 장기 저장 수단이 개발되고 있지만, 아직 비용과 효율 측면에서 해결해야 할 과제가 많습니다.

기억해야 할 사실은 전기화가 진행될수록 에너지 시스템의 안정성은 개별 기술이 아니라 시스템 설계에 의해 결정된다는 점입니다. 전기는 빛의 속도로 상호 영향을 미치는 물리적 속성을 가지기 때문입니다.

전기차, 히트펌프, 태양광, 풍력 각각은 이미 충분히 성숙한 기술일 수 있습니다. 그러나 이들을 어떤 속도로, 어떤 지역에, 어떤 인프라와 함께 배치하느냐에 따라 전기화된 에너지 시스템의 형태와 능력은 크게 달라집니다. 특히 이 모든 전기화된 설비들을 묶는 전력망은 에너지 시스템의 혈관으로서 기능하게 됩니다.

이 때문에 전기화와 인프라 투자는 분리될 수 없습니다. 전기차 보급 목표만 제시하고 충전 인프라와 배전망 증설을 뒤로 미루면, 병목과 불만이 동시에 발생합니다. 재생 에너지 확대 목표만 설정하고 송전망 투자를 충분히 하지 않으면, 발전 설비는 놀고 전력망은 막히는 상황이 반복됩니다. 실제로 여러 국가에서 "전환 속도가 느리다"라는 불만의 상당 부분은 기술이 아니라 인프라와 제도에서 비롯됩니다.

전기화의 수혜는 태양광이나 풍력 같은 발전 설비, 전기차나 히트 펌프 같은 최종 소비 기술에만 국한되지 않습니다. 오히려 송전망과 배전망, 변전소, 저장 설비, 전력 관리 소프트웨어처럼 눈에 잘 띄지 않는 인프라 자산의 가치가 점점 더 커집니다. 이들 자산은 대중의 관심을 덜 받는 대신, 전기화가 진행될수록 대체 불가능성이 높아지고 현금흐름은 상대적으로 안정되는 특징을 보입니다. 에너지 전환이 깊어질수록 '가장 지루해 보이는 자산'이 실제로는 가장 중요한 자산이 되는 이유가 여기에 있습니다.

전기화는 에너지 전환의 중심 전략이지만, 그것만으로 모든 문제가 해결되는 만능 해법은 아닙니다. 전기화는 전력 수요의 절대 규모를 키우는 동시에, 가격 신호와 제어 기술을 통해 피크 수요를 관리 가능한 대상으로 바꿉니다. 또한 변동성이 큰 재생 에너지 비중이 높아질수록 저장과 제어의 중요성을 전면으로 끌어올리고, 그 과정에서 전력망이라는 인프라의 전략적 가치를 이전과는 비교할 수 없을 정도로 높입니다.

이 때문에 전기화의 성패는 기술 도입 속도만으로 결정되지 않습니다. 전기차와 전기 난방, 재생 에너지 설비가 빠르게 보급되더라도,

이를 뒷받침할 송·배전망과 저장 설비, 계통 운영 능력이 함께 확충되지 않으면 병목과 불안정이 먼저 드러나게 됩니다. 반대로 기술 확산과 인프라 투자가 균형을 이루면, 전기화는 에너지 전환을 실현시키는 강력한 수단이 됩니다.

핵심 정리

- 화석연료는 1차 에너지의 약 81%를 차지하며 석탄 85억 톤, 원유 45억 톤, 가스 30억 톤이 매년 소비되는 구조라서, 전환은 '대체'보다 '추가·누적'의 형태로 진행됩니다.
- 화석연료 시스템은 평균적으로 1차 에너지의 약 3분의 2를 손실로 흘려보내며, 석탄발전 효율 40% 미만과 내연기관 25% 내외 같은 낮은 전환 효율이 비용과 배출을 함께 키웁니다.
- 전기화는 효율과 제어 가능성을 높이지만 피크·망·저장 병목이 임계점에서 폭발하며, 에너지 전환은 선형이 아니라 네트워크·경로의존성에 의해 급격히 흔들립니다.

>>>>>>>> 에너지 투자 인사이트 >>>>>>>>

전환의 승패는 태양광·풍력 같은 '보이는 기술'보다 송배전망·변전·계통 운영·저장 같은 '보이지 않는 인프라'에서 결정되며, 전기화가 깊어질수록 이 자산의 대체 불가능성이 커집니다.

평균 발전량보다 피크 대응과 시간대 가치가 수익을 좌우하므로, 투자자는 에너지 믹스가 아니라 용량·프로파일·저장 기간을 함께 봐야 하며, 단기 저장과 장기 저장을 구분해야 합니다.

임계점 이전에는 체감 변화가 작아도 접속 대기·망포화 같은 병목이 누적되면 자본 흐름이 급변하므로, 정책·망투자·수요관리 신호가 동시에 강화되는 구간을 포착하는 것이 유리합니다.

2

전기화 시대의 공급망 재편

● **태양광, 풍력, 바이오**

태양광 발전

태양광 발전은 에너지 전환을 상징하는 대표적 기술이지만, 그 본질을 단순히 '햇빛으로 전기를 만드는 방식'으로 이해하면 중요한 절반을 놓치게 됩니다. 태양광은 연료를 대체하는 기술이 아니라, 전기 생산 방식을 제조업화한 기술에 가깝습니다. 이 점에서 태양광은 전통적인 에너지 산업보다 반도체 산업과 구조적으로 더 닮아 있습니다.

태양광 발전의 출발점은 태양 복사 에너지입니다. 태양이 지표면에 공급하는 에너지는 어마어마합니다. 약 1시간 동안 내리쬐는 햇볕에는 인류가 1년 동안 사용하는 양보다 더 많은 에너지가 있지만, 넓은 면적에 분산되어 있고 시간과 기상 조건에 따라 이용 가능성이 크게 제한됩니다.

태양광 발전은 이 햇빛을 광전 효과를 통해 전기로 직접 전환 기술이며, 손톱 만한 반도체 소자인 '셀'로 구현됩니다. 셀에 입사되는 햇빛의 에너지 중 얼마나 전기로 변환되느냐를 '태양광 변환 효율'이라고 하며, 이 효율은 지난 50년간 지속적으로 향상되어왔습니다.

상용 태양광 모듈의 변환 효율은 2000년대 초반 12~14% 수준이었으나, 2024년 기준 주류 제품이 21~23% 수준에 도달했습니다. 실험실 단계에서는 단결정 실리콘 셀 기준 26%를 넘는 효율이 이미 보고되었고, 탠덤 구조 셀[9]은 30% 이상도 달성했습니다. 중요한 점은 아직 이론적 한계에 도달하지 않았다는 사실입니다. 이는 태양광이 성숙 단계에서 정체된 기술이 아니라, 공정 개선과 재료 혁신을 통해 추가적인 성능 향상이 가능한 기술임을 의미합니다.

이러한 기술적 특성은 비용 구조에 그대로 반영됩니다. 태양광 발전비용의 대부분은 초기 설비 투자에서 발생하며, 연료비는 사실상 0에 가깝습니다. IEA에 따르면, 대규모 태양광 발전의 균등화 발전비

9　탠덤 구조 셀은 서로 다른 특성을 가진 두 개 이상의 태양전지 층을 수직으로 겹쳐 하나의 셀로 만든 구조입니다. 각 층이 서로 다른 파장의 빛을 흡수하도록 설계되어, 같은 면적에서 더 많은 전기를 생산할 수 있습니다. 대표적으로 실리콘 태양전지 위에 페로브스카이트 전지를 얹는 방식이 많이 연구되고 있습니다. 이 구조는 기존 단일 구조 태양전지의 효율 한계를 넘어설 수 있는 방법으로 주목받고 있습니다. 다만 대량 생산 공정과 장기 안정성 확보가 과제로 남아 있습니다.

용 LCOE[10]은 2010년 대비 2023년에 약 85% 하락했습니다. 같은 기간 신규 석탄이나 가스 발전의 LCOE는 큰 변화를 보이지 않았습니다. 이는 태양광이 연료 가격이 아니라 제조 비용 곡선에 의해 가격이 결정되는 자산임을 보여줍니다.

이와 같은 비용 하락은 우연이 아닙니다. 태양광은 대표적인 학습 곡선 산업입니다. 누적 설치 용량이 2배로 증가할 때마다 모듈 가격이 약 20% 하락하는 패턴이 지난 수십 년간 반복되어왔습니다. 2000년 전 세계 태양광 누적 설치 용량은 1GW에도 미치지 못했지만, 2024년에는 1,600GW를 넘어섰습니다. 이 과정에서 지난 수십 년간 단위 와트당 모듈 가격은 5달러 이상에서 0.15달러 수준까지 떨어졌습니다. 이는 단기 보조금 효과라기보다, 제조업 기반 기술이 가진 구조적 특성의 결과입니다.

투자 관점에서 이 점은 매우 중요합니다. 태양광 산업은 전통적인 발전 산업처럼 연료 조달이나 운전 효율이 아닌 생산 규모, 공정 숙련도, 그리고 공급망 통제력이 경쟁력의 핵심입니다. 실제로 글로벌 태양광 공급망은 특정 국가와 기업에 집중되어 있는데, 이는 단순한 기술 우위라기보다 대규모 설비 투자와 장기간에 걸쳐 축적된 제조 경

---

10   균등화 발전비용Levelized Cost of Electricity, LCOE은 발전소가 수명 기간 동안 생산하는 전력 1단위를 기준으로, 그 전력을 만들기 위해 들어간 모든 비용을 평균화해 계산한 지표입니다. 발전 설비의 건설비, 연료비, 운영·유지비, 금융비용 등을 모두 합산해 전력 생산량으로 나눈 값입니다. 서로 다른 발전원, 예를 들어 태양광·풍력·가스·원자력을 같은 기준에서 비교하기 위해 사용됩니다. 특히 재생 에너지는 연료비가 거의 없고 초기 투자비 비중이 크기 때문에, 금리와 금융 조건에 따라 균등화 발전비용이 크게 달라지는 특징이 있습니다.

험의 결과입니다. 태양광은 에너지 산업이면서 동시에 글로벌 제조 경쟁의 무대입니다.

태양광의 또 다른 중요한 특징은 적용 범위의 유연성입니다. 석탄이나 원자력 발전은 대규모 부지와 중앙집중형 설비를 전제로 합니다. 반면 태양광은 수 킬로와트급 소형 설비부터 수 기가와트급 대형 발전소까지 동일한 기술로 구현할 수 있습니다. 옥상, 공장 지붕, 유휴 부지, 농지, 수면 등 설치 장소의 제약도 상대적으로 적습니다. 이는 태양광이 중앙집중형 전원과 분산형 전원의 성격을 동시에 지닌다는 뜻입니다.

이러한 특성은 실제 사례에서도 확인됩니다. 독일은 전체 태양광 설비의 절반 이상이 주택과 중소형 건물 옥상에 설치되어 있으며, 이들 설비는 개별적으로 보면 소규모이지만, 합치면 수십 기가와트에 이르는 발전 용량을 형성하고 있습니다.

반대로 중국과 중동 지역에서는 황무지를 활용한 수백 메가와트급의 대규모 태양광 단지가 조성되며, 규모의 경제를 극대화하는 방식이 선택되고 있습니다. 같은 기술이 서로 다른 제도와 입지 조건 아래에서 다른 형태의 자산으로 구현되고 있는 것입니다.

최근 주목받는 건물일체형 태양광BIPV과 영농형 태양광은 태양광의 잠재력을 더 확장한 사례입니다. BIPV는 건물의 외벽이나 지붕을 발전 설비로 전환함으로써, 발전 설비와 건축 자재 사이를 통합하는 기술입니다. 이는 태양광을 별도의 에너지 설비가 아니라 건물의 구성 요소로 바꿉니다. 영농형 태양광은 농작물 재배와 전력 생산을 병행하는 방식으로, 토지 이용 갈등을 완화하는 동시에 농가 소득원을 다변화합니다.

실제로 일본과 프랑스에서는 영농형 태양광 도입 이후 농가 소득이 평균 20~30% 증가했다는 보고가 있습니다. 이는 태양광이 기존 경제 활동과 토지를 놓고 경쟁하는 자산이 아니라, 기존 활동 위에 덧붙여지는 자산으로 작동할 수 있음을 보여주는 사례입니다.

물론 태양광 발전에는 명확한 한계도 존재합니다. 가장 큰 어려움은 출력 변동성과 낮은 설비 이용률[11]입니다. 전 세계 평균 태양광 설비 이용률은 대체로 15~25% 수준에 머물러 있습니다. 태양광은 야간에는 발전이 불가능하고, 계절과 기상 조건에 따라 출력이 크게 달라집니다. 이러한 특성은 연간 평균 발전량만을 기준으로 판단할 경우, 전력 시스템에서 태양광의 실제 기여도를 과대평가하게 만드는 요인이 됩니다.

이 한계는 태양광이 단독으로 안정적인 전력 공급을 책임지기 어렵다는 점을 의미합니다. 실제로 태양광 발전량이 전체 전력 소비량에서 차지하는 비중이 20~30%를 넘어서는 지역에서는 태양광 발전의 출력 변동성이 계통 운영의 핵심 이슈로 부상합니다.

---

[11] 설비 이용률은 발전 설비가 이론적으로 낼 수 있는 최대 출력 대비 실제로 얼마나 전기를 생산했는지를 보여주는 지표입니다. 보통 일정 기간 동안의 실제 발전량을 같은 기간 최대 출력으로 계속 가동했을 때의 발전량으로 나누어 계산합니다. 태양광과 풍력은 날씨와 계절의 영향을 받기 때문에 설비 이용률이 화력이나 원자력보다 낮습니다. 예를 들어 태양광은 대체로 15~20%, 육상풍력은 25~35%, 해상풍력은 40% 안팎의 이용률을 보입니다. 설비 이용률은 발전 단가와 수익성을 판단하는 핵심 지표이며, 동일한 설비 용량이라도 이용률에 따라 경제성은 크게 달라집니다.

미국 캘리포니아에서 관찰되는 이른바 '덕 커브duck curve' 현상은 이를 잘 보여주는 사례입니다. 낮 시간대에는 태양광 출력이 급증하면서 순부하가 크게 낮아지고, 해가 지는 시간대에는 순부하가 다시 급격히 상승하는 패턴이 반복됩니다. 이는 발전 설비의 절대량보다 저장 능력과 계통 유연성이 더 중요해지는 단계로 전력 시스템이 이동했음을 의미합니다.

이러한 이유로 태양광의 가치는 발전 설비 그 자체보다는, 어떤 인프라와 결합되어 있는지에 의해 결정됩니다. 저장 설비, 송전망, 수요 관리 체계가 함께 설계되지 않으면 태양광은 일정 비중을 넘는 순간 계통에 부담을 주는 요인이 됩니다. 반대로 이러한 요소들이 충분히 갖춰질 경우, 태양광은 한계 비용이 거의 0에 가까운 매우 경쟁력 있는 전원이 됩니다. 동일한 기술이라 하더라도 시스템 설계에 따라 전혀 다른 자산으로 평가되는 이유입니다.

향후 전망에서도 이러한 구조는 크게 달라지지 않을 가능성이 높습니다. 태양광 모듈의 전환 효율은 앞으로도 점진적으로 개선되겠지만, 투자 관점에서 더 중요한 변화는 개별 기술 성능보다 시스템 통합 과정에서 나타날 가능성이 큽니다. 저장 비용의 하락, 전력망 운영 방식의 변화, 건물·농업과의 결합이 확대될수록 태양광의 역할은 점차 커질 것입니다. 다만 이러한 변화는 단기간에 급격히 이루어지기보다는, 기존 인프라와의 충돌과 조정을 거치며 점진적으로 전개될 가능성이 큽니다.

태양광 발전은 독특한 기술입니다. 제조업 기반의 비용 구조, 다양한 공간에 적용 가능한 유연성, 그리고 시스템 통합 없이는 한계가 분명히 드러난다는 점이 동시에 존재합니다. 투자자에게 중요한 것은 태양광 설치 용량이 얼마나 빠르게 늘어나는지가 아니라, 이 기술이 어떤 구조 속에서 자산으로 편입되고, 어떤 인프라와 결합해 수익과 위험을 만들어내는지를 읽어내는 일입니다.

풍력

풍력 발전은 태양광 발전과 함께 재생 에너지 확대의 핵심 기술로 묶이지만, 두 기술의 차이는 큽니다. 태양광은 모듈을 설치한 만큼 비례해서 전력 생산량이 따라오며, 발전량의 예측도 크게 어렵지 않습니다. 반면 풍력은 터빈 자체보다 '바람'이라는 자연 조건이 자산의 가치를 결정합니다. 풍력 발전은 기술을 구매하는 사업이라기보다, 바람이라는 자연 조건과 그 바람을 에너지로 전환하는 인프라와 제도를 함께 확보하는 사업에 가깝습니다. 태양광보다 변동성과 불확실성이 높습니다.

풍력의 경제성을 좌우하는 첫 번째 변수는 풍질입니다. 발전량이 풍속의 세제곱에 비례한다는 단순한 물리 법칙 하나가 사업성을 극적으로 갈라놓습니다. 평균 풍속이 초속 7미터인 지역과 8미터인 지역은 겉보기에는 1미터의 차이에 불과하지만, 이론적인 에너지 잠재력은 $(8^3/7^3)$로 계산되어 약 1.5배까지 벌어집니다. 동일한 터빈을 동일한 비용으로 설치하더라도, 어떤 지역에서는 안정적인 자산이 되고 다른 지역에서는 수익성이 애매한 설비로 남는 이유가 여기에 있습니다.

이 차이는 설비 이용률에서 즉각적으로 드러납니다. 바람의 질을 의미하는 '풍질'이 우수한 지역의 육상 풍력은 연평균 이용률이 35~45% 수준까지 올라가며, 해상풍력의 경우 45~55% 수준에 도달하기도 합니다.

반대로 풍질이 보통 수준인 육상 입지에서는 이용률이 20~30%에 머무는 경우도 적지 않습니다. 이용률이 30%에서 45%로 상승하면, 동일한 설비를 설치했더라도 연간 발전량은 약 50% 증가합니다. 발전 단가가 크게 달라지는 것은 자연스러운 결과입니다.

다만 풍질이 좋은 입지는 매우 제한적입니다. 이 지점에서 풍력은 '싸다'는 표현과 '쌀 수 있는 곳이 있다'는 표현이 다른 의미임을 보여줍니다. 육상 풍력은 바람이 강하게 부는 능선, 해안가, 넓은 평원과 같은 특정 지형에 건설하는 게 유리합니다.

그러나 이러한 지역은 대체로 경관 가치가 높거나, 주민의 생활권과 겹치거나, 생태 보전과 환경 규제와 맞물리는 경우가 많습니다. 그 결과 실제 개발이 가능한 입지는 '풍질이 좋은 곳'이 아니라, '풍질도 좋고, 인허가가 가능하며, 송전망에 연결할 수 있고, 주민 수용성까지 확보된 곳'으로 축소됩니다.

이 지점에서 제도가 중요한 역할을 합니다. 풍력 개발 프로젝트에서 인허가 절차와 계통 연계, 그리고 계약 구조가 개발 소요 기간을 결정합니다. 동일한 터빈을 설치하더라도 허가가 2년 만에 완료되는 지역과 7년이 걸리는 지역은 자산의 현재 가치가 완전히 달라집니다. 특히 금리가 높은 환경에서는 완공 시점이 2~3년만 지연되어도, 이는 단순한 비용 증가를 넘어 사업의 성패를 결정짓는 요인이 됩니다. 풍력에서는 공사비뿐 아니라 '시간'이 원가를 결정하는 요소로 작동합니다.

대규모 풍력 개발에서 시간과 원가를 가르는 요인은 크게 세 가지로 정리할 수 있습니다. 첫째는 풍질과 기상 리스크입니다. 둘째는 제도와 인허가 구조입니다. 셋째는 입지 조건으로, 특히 해상풍력의 경우 해저면의 지반 상태와 수심이 사업의 난이도와 비용을 결정하는 핵심 변수로 작용합니다. 세 가지에 관해 더 자세히 알아보겠습니다.

풍질은 수익을, 기상은 공기를 좌우합니다

풍질이 좋다는 표현은 단순히 평균 풍속이 높다는 의미에 그치지 않습니다. 바람의 방향 안정성, 난류turbulence 수준, 계절별 패턴, 극한 풍속, 결빙 여부가 함께 고려되어야 하며, 이 요소들은 사업 설계 전반에 영향을 미칩니다.

난류가 높은 입지는 터빈에 가해지는 피로 하중이 커져 유지보수 비용이 증가합니다. 극한 풍속이 높을 경우에는 구조 설계를 강화해야 하므로 초기 설비 투자비가 늘어납니다. 바람의 양은 많지만 변동성이 지나치게 큰 경우에는, 전력 판매 방식에 따라 현금흐름의 변동성도 커질 수 있습니다.

실제 개발 현장에서는 1~2년간의 풍황 측정만으로 사업성을 판단하지 않습니다. 대형 프로젝트의 경우 보통 2~3년 이상의 현장 풍황 계측과 함께 장기 재분석[12]이 수행됩니다. 이 과정이 길어질수록 착공 시점은 뒤로 밀립니다. 풍력 사업에서는 '바람을 확인하는 시간' 자체가 이미 사업 일정의 일부로 작동합니다.

제도는 비용의 상한을 정하고, 갈등은 기간의 하한을 늘립니다

육상 풍력 개발의 가장 큰 병목은 주민 수용성과 인허가 절차입니다. 터빈 규모가 150~200미터급으로 커지면서, 논쟁의 초점은 '소음이 있는가 없는가'에서 '눈에 보이는가 보이지 않는가'로 이동했습니다. 이로 인해 유럽 여러 지역에서는 발전 단가가 하락했음에도 불구하고 신규 육상 풍력 프로젝트가 줄어드는 역설적인 현상이 나타났습니다. 기술이 아니라 사회적 비용이 한계로 작용하게 된 것입니다.

영국과 독일의 사례는 제도의 차이가 사업의 전개 속도를 어떻게 갈라놓는지를 잘 보여줍니다. 영국은 해상풍력에 CfD를 강하게 결합해 대형 프로젝트 금융이 가능한 구조를 만들었고, 그 결과 북해를 중심으로 대규모 해상풍력 단지가 빠르게 개발되었습니다.

반면 독일의 육상 풍력은 지역별로 주민 수용성과 허가 조건이 상이하여 사업들의 개발 속도와 수익성이 차이가 커졌습니다. 동일한 국가, 동일한 기술 환경에서도 제도가 사업의 규모와 속도를 결정합니다.

---

12   장기재분석Measure-Correlate-Predict, MCP는 재생 에너지 발전 사업에서 제한된 관측 데이터를 장기 기후 조건에 맞게 보정하는 분석 방법입니다. 현장 계측은 보통 1~3년 수준에 그치기 때문에, 이 기간의 풍황이나 일사가 장기 평균과 다를 수 있습니다. MCP는 단기 실측 데이터Measure를 기상 재분석 자료나 인근 장기 관측소 데이터와 상관 분석Correlate한 뒤, 이를 바탕으로 20~30년 장기 발전량을 예측Predict하는 방식입니다. 발전량 과대·과소 평가를 줄여 금융 조달과 투자 판단의 신뢰도를 높이는 데 활용됩니다.

미국은 또 다른 형태의 제약을 보여줍니다. 미국에서는 규제와 송전망 접속 대기 문제가 결합되면서, 발전 설비를 완공하고도 전력망 연결이 지연되는 사례가 흔히 발생합니다. 이 경우 '설비는 완성되었지만 수익은 발생하지 않는 기간'이 생기게 되며, 이는 그 자체로 프로젝트 원가를 끌어올립니다. 이 사례는 풍력이 단순한 발전소 사업이 아니라, 계통과 결합된 인프라 사업이라는 점을 분명히 드러냅니다.

해상에서는 '바다 위'보다 '바다 아래'가 공사비를 결정합니다

해상풍력은 토지 갈등이 상대적으로 적다는 이유로 육상 풍력의 대안처럼 인식되지만, 대신 공학적·지질학적 제약이 전면에 등장합니다. 해상풍력의 비용 구조는 바람보다도 수심, 해저 지반 상태, 파랑과 조류 조건, 항만과 설치선 접근성에 의해 크게 좌우됩니다.

고정식 해상풍력의 경제성이 가장 좋은 구간은 일반적으로 수심 30~50미터 이내입니다. 이 범위에서는 모노파일이나 재킷과 같은 기초 구조물이 비교적 표준화되어 있으며, 설치 공정의 예측 가능성도 높습니다.

그러나 수심이 60미터를 넘어서면 공사 난이도가 급격히 상승하고, 80~100미터 수준에서는 고정식 구조 자체가 어려워져 부유식 풍력이 현실적인 대안으로 거론됩니다. 부유식 풍력은 아직 충분한 규모의 경제를 확보하지 못했고, 계류 방식과 해저 케이블, 운영 구조가 고정식과 크게 달라 금융권이 요구하는 기술 표준화 수준에 아직 도달하지 못했습니다.

해저면 조건은 공사비에 더욱 직접적인 영향을 미칩니다. 모래나 점토처럼 균질한 지반에서는 파일을 박는 공정이 비교적 단순하지만, 암반이나 큰 자갈층이 혼재된 경우에는 추가적인 천공과 보강 공정이 필요해 비용이 급증합니다. 이러한 지반 리스크는 공사비 상승에 그치지 않고 일정 지연 가능성까지 키웁니다. 설계 변경은 자본비용을 빠르게 끌어올리는 요인 중 하나이며, 해상풍력에서는 이 위험이 항상 잠재되어 있습니다.

여기에 송전선 연계 문제가 더해집니다. 해상풍력 단지는 터빈 설치만으로 완결되지 않습니다. 해저 케이블, 해상 변전소, 육상 계통 접속 설비가 필수적으로 따라붙습니다.

해저 케이블은 킬로미터당 비용이 매우 크고, 고장이 발생할 경우 수리까지 상당한 시간이 소요됩니다. 특히 해상 변전소는 프로젝트 전체의 병목 설비가 되는 경우가 많습니다. 단지 규모가 500MW 규모를 넘어 더 커지면, 전력을 육상으로 안정적으로 이송하기 위한 설비의 사양과 공정 관리 수준은 송전선의 전압이 한 단계 더 높아짐에 따라 크게 증가합니다.

이 때문에 해상풍력의 비용 문제는 단순히 '터빈이 크다'는 차원의 문제가 아닙니다. 해상풍력은 본질적으로 대규모 개발 프로젝트입니다. 규모의 경제 달성을 위해 수백 메가와트에서 1~2기가와트 단위의 개발이 일반화되고 있으며, 인허가와 계통 연계를 모두 포함하면 개발 기간은 통상 7~10년을 전제로 합니다. 풍질이 좋아 기대 발전량이 크더라도, 이 긴 시간에서 발생하는 불확실성은 사업의 본질적인 위험으로 남습니다.

아시아 지역의 사례는 이러한 해상풍력 사업의 특징을 잘 보여줍니다. 대만은 해상풍력 확대를 국가 전략으로 추진하며 대규모 프로젝트를 적극 유치했습니다. 그러나 항만 능력의 제약, 설치선과 공급망의 부족, 계통 연계 문제, 환경 및 어업 갈등이 동시에 작용하면서 프로젝트별로 일정과 비용이 크게 흔들렸습니다. 같은 '해상풍력'이라는 이름을 사용하더라도, 북해처럼 오랜 기간에 걸쳐 공급망과 제도가 축적된 지역과 신규 시장의 사업 구조는 본질적으로 다릅니다. 기술은 유사해 보이지만, 산업 생태계와 제도의 차이가 원가 구조를 다르게 만듭니다.

이러한 점에서 풍력의 전망은 단순히 "앞으로 더 싸질 것이다"라고 단순화하기는 어렵습니다. 오히려 "쌀 수 있는 곳과 그렇지 않은 곳이 점점 더 명확하게 갈릴 것이다"라고 하는 게 진실에 더 가깝습니다. 풍질이 우수하고, 제도가 안정적이며, 송전망과 계통이 충분히 준비된 지역에서는 풍력이 핵심 전원으로 자리 잡을 수 있습니다.

반대로 인허가 정책이 불안정하고, 주민 수용성이 낮으며, 계통 병목이 해소되지 않는 지역에서는 동일한 풍력 기술이라도 장기간 정체를 겪을 가능성이 큽니다. 대만, 일본, 한국의 해상풍력 모두 유사한 리스크를 안고 있고 미국에서도 비슷한 문제가 발생하고 있습니다.

투자자에게 이 차이는 매우 중요합니다. 풍력은 겉으로 보면 기술 투자처럼 보이지만, 실제로는 입지와 제도, 그리고 인프라에 대한 투자입니다. 풍력 프로젝트의 성패는 터빈 효율이 몇 퍼센트 더 높은지

보다, 허가 기간이 3년인지 8년인지, 계통 접속이 확정되어 있는지 대기 상태인지, 해저 지반 리스크가 낮은지 높은지, 항만과 설치 역량이 충분한지 여부에 의해 좌우됩니다.

풍력은 바람에서 출발하지만, 제도와 인프라에서 끝이 결정됩니다. 풍력은 장기적인 현금흐름 자산이 될 수도 있고, 겉으로는 싸 보이면서 실제로는 지연과 불확실성을 떠안는 투자가 될 수 있습니다.

바이오 에너지

바이오 에너지는 태양광과 풍력과 함께 재생 에너지로 분류되지만, 그 성격은 상당히 다릅니다. 중요한 차이는 바이오 에너지가 변동성 전원이 아니라는 점입니다. 태양광과 풍력은 기상 조건에 따라 출력이 즉각적으로 달라지지만, 바이오 에너지는 연료를 투입해 필요할 때 발전할 수 있는 제어 가능한 전원입니다. 이 점에서 바이오 에너지는 재생 에너지이면서 동시에 전통적인 화력발전과 유사한 운영 특성을 가집니다.

이러한 특성은 전력 시스템에서의 역할을 갈라놓습니다. 태양광과 풍력이 전력 공급의 평균 부하를 낮춘다면, 바이오 에너지는 피크 대응과 예비력 확보에 기여할 수 있습니다. 실제로 유럽의 여러 국가에서는 바이오가스를 급전가능 전원dispatchable power[13]으로 활용해 재생

---

13 급전가능 전원은 전력 수요 변화에 맞춰 출력을 빠르게 올리거나 내릴 수 있는 발전원을 뜻합니다. 전력 시스템에서는 수요와 공급이 순간적으로라도 어긋나면 정전이나 주파수 불안이 발생

에너지 비중 확대에 따른 계통 불안을 완화해왔습니다. IEA에 따르면, 2023년 기준 전 세계 바이오 에너지 발전 설비 용량은 약 150GW 수준이며, 이 중 상당 부분이 열병합CHP 설비로 운영되고 있습니다. 이는 바이오 에너지가 전기뿐 아니라 열 공급까지 동시에 담당할 수 있음을 의미합니다.

바이오 에너지의 또 다른 장점은 폐기물 처리와 결합될 수 있다는 점입니다. 가축 분뇨, 음식물 쓰레기, 하수 슬러지, 농업 부산물은 처리하지 않으면 환경에 큰 부담이 되지만, 바이오 에너지 발전소의 연료가 될 경우 귀중한 자원이 됩니다.

이 방식을 잘 활용하면 에너지 생산과 오염원 관리라는 두 가지 문제를 동시에 해결하는 효과를 냅니다. 실제로 덴마크는 바이오가스 시설을 농업·환경 정책의 핵심 수단으로 활용해왔습니다. 덴마크는 전국적으로 1,000개 이상의 농가가 참여하는 60개 이상의 바이오가스 플랜트를 운영하며, 가축 분뇨의 30% 이상을 에너지화하고 있습니다. 이 과정에서 메탄 배출을 줄이고, 농가에는 추가 소득원을 제공했습니다.

독일의 사례도 유사합니다. 독일은 2010년대 초반 재생 에너지 확대 과정에서 바이오 에너지를 적극 도입했으며, 한때 바이오가스 설비

하기 때문에, 이런 조정 능력이 중요합니다. 대표적인 급전가능 전원에는 가스발전, 수력발전, 양수발전, 일부 배터리 저장장치가 포함됩니다. 반대로 태양광과 풍력은 자연 조건에 따라 출력이 변해 급전가능 전원으로 분류되지 않습니다. 재생 에너지 비중이 높아질수록 급전가능 전원은 전력망 안정성을 유지하는 핵심 자산으로 평가됩니다.

수가 9,000기를 넘었습니다. 이들 설비는 주로 옥수수 사일리지, 농업 부산물, 음식물 쓰레기를 연료로 사용했습니다. 이 시기 독일의 바이오 에너지는 태양광과 풍력이 빠르게 늘어나는 과정에서 전력망 안정성을 보완하는 역할을 했습니다. 폐기물 처리 비용을 줄이면서 에너지를 생산하는 구조가 가능했기 때문에, 사회적 수용성도 상대적으로 높았습니다.

바이오 에너지는 열 공급이 가능하다는 장점도 있습니다. 전 세계 최종 에너지 소비에서 열이 차지하는 비중은 40%가 넘는데, 고온의 열 에너지는 전기화를 통한 대체가 상당히 어렵습니다.

바이오매스 보일러와 지역난방용 바이오 에너지 설비는 화석연료를 대체하면서도 기존 열 공급 인프라와 비교적 쉽게 결합할 수 있습니다. 유럽 일부 국가에서는 도시 난방 열의 20~30%를 바이오 에너지로 공급하고 있습니다.

투자 관점에서 보면, 바이오 에너지는 연료 투입과 발전량을 조절할 수 있기 때문에, 장기 고정가격 계약이나 열 공급 계약과 결합하기가 용이합니다. 실제로 바이오 에너지 프로젝트의 내부수익률[IRR]은 5~8% 수준이 많으며, 이는 화석연료 기반 열병합 설비의 내부수익률과 유사한 수준입니다.

바이오 에너지 설비가 폐기물 처리와 결합되면, 안정성과 수익성은 더욱 높아집니다. 폐기물 처리 비용이 수익에 추가되고 에너지 시장 가격 변동이 매출에 주는 영향이 줄어들기 때문입니다. 다만 이러한 장점은 조건부입니다. 바이오 에너지의 경쟁력은 연료의 성격과 조달 구조에 크게 좌우됩니다.

바이오 에너지의 한계는 규모의 경제를 달성하기 어렵다는 점입니다. 태양광과 풍력은 설비가 커질수록 단위당 비용이 빠르게 낮아지는 반면, 바이오 에너지는 연료의 수집·운송·저장 비용이 함께 증가합니다.

연료는 지역에 분산되어 있고, 수분 함량과 품질이 제각각이며, 장거리 운송이 어렵습니다. 이 때문에 바이오 에너지 설비는 대체로 수십 MW 이하 규모에 머무는 경우가 많습니다. 1GW급 태양광이나 해상풍력 단지가 가능한 것과 달리, 바이오 에너지에서는 이런 설비 대형화가 구조적으로 어렵습니다.

기술 혁신의 속도 역시 상대적으로 느립니다. 태양광은 반도체 공정의 발전을 그대로 흡수하며 효율과 비용이 빠르게 개선되어왔고, 풍력은 대형화와 설계 최적화를 통해 단가를 낮춰왔습니다. 반면 바이오 에너지는 연소, 혐기성 소화, 가스 정제 같은 공정이 중심이며, 근본적인 물리·화학 원리는 오랜 기간 크게 바뀌지 않았습니다.

효율 개선은 가능하지만, 태양광처럼 빠른 기술 발전이 반복적으로 진행되기는 어렵습니다. 이 때문에 바이오 에너지는 기술 혁신을 통한 급격한 비용 하락보다는, 운영 최적화와 제도 개선을 통해 경쟁력을 유지하는 산업에 가깝습니다.

연료 조달의 안정성은 투자 리스크의 핵심입니다. 바이오 에너지는 연료를 공짜 혹은 돈을 받고 확보할 수 있을 때 가장 매력적입니다. 폐기물이나 부산물을 연료로 이용하는 경우입니다.

그러나 연료를 작물로 재배하거나 외부에서 구매해야 한다면 상황은 달라집니다. 실제로 일부 국가에서는 바이오 에너지 확대 과정에서 사료용 곡물 가격 상승과 토지 이용 갈등이 발생했고, 이는 정책 후퇴로 이어지기도 했습니다. 연료 가격이 변동하면 발전 단가 역시 함께 흔들립니다.

이 점에서 바이오 에너지는 '연료 리스크가 없는 재생 에너지'가 아니라, '연료 구조가 핵심인 재생 에너지'라고 보는 편이 정확합니다. 장기적으로 안정적인 연료 공급 계약을 확보하지 못하면, 설비는 그대로 있어도 현금흐름은 불안정해질 수 있습니다. 특히 음식물 쓰레기나 가축 분뇨처럼 공공 정책과 수거 시스템에 의존하는 연료는, 제도 변화에 따라 공급량이 달라질 수 있습니다.

그럼에도 불구하고 바이오 에너지가 에너지 전환에서 사라질 가능성은 낮습니다. 그 이유는 단순합니다. 전력 시스템에는 변동성을 상쇄할 수 있는 전원이 필요하고, 폐기물 문제는 사라지지 않기 때문입니다. 바이오 에너지는 태양광과 풍력의 빈자리를 메우는 보조 전원이며, 동시에 환경 관리 인프라의 일부입니다. 전력, 열, 폐기물 처리가 결합된 이중, 삼중 기능은 다른 재생 에너지가 쉽게 대체하기 어렵습니다.

투자자 관점에서 바이오 에너지는 고성장 테마가 아닙니다. 대신 지역 기반의 안정적인 현금흐름 자산에 가깝습니다. 연료가 확실하고, 열 공급이나 장기 전력 계약이 결합된 바이오 에너지 프로젝트는 인프라 자산으로서 의미를 가집니다. 반대로 연료 조달이 불안정하거나,

정책 지원에 과도하게 의존하는 사업은 리스크가 큽니다.

바이오 에너지는 간헐성 문제가 없고, 폐기물 처리와 결합될 수 있으며, 열과 전력을 동시에 공급할 수 있는 장점이 있습니다. 동시에 규모의 경제와 기술 혁신에는 한계가 있고, 연료 조달 방식에 따라 수익성이 좌우됩니다. 이런 점으로 인해 바이오 에너지는 에너지 시스템의 뒤편에서 균형을 잡는 역할을 수행합니다. 바이오 에너지는 미래를 크게 바꾸는 기술은 아니지만, 전환 과정에서 시스템을 버티게 하는 자산입니다.

전력망, 에너지저장시스템(ESS)

스마트 전력망

전기화와 재생 에너지 확대가 동시에 진행되는 미래 에너지 시스템에서 전력망 자체도 큰 변화를 겪게 됩니다. 태양광과 풍력처럼 출력이 시간과 기상 조건에 따라 변동하는 전원이 늘어날수록, 기존 전력망은 빠르게 한계에 도달합니다. 과거 전력 시스템은 대형 석탄·가스·원자력 발전소가 안정적으로 전력을 생산하고, 교류[AC] 송전망을 통해 이를 수요지로 전달하는 방식이었습니다. 발전량이 예측 가능했고, 주파수와 전압 안정성도 발전소의 대형 회전기기들이 자연스럽게 떠받쳤습니다.

그러나 재생 에너지 비중이 일정 수준을 넘어가면 상황은 달라집니다. IEA에 따르면, 재생 에너지 비중이 40%를 초과한 국가에서는 계통 조정 비용이 20% 미만일 때보다 평균 2배 이상 증가하는 경향이 관측됩니다.

독일의 경우 2010년대 초반 연간 수억 유로 수준이던 계통 보조서비스 비용이, 재생 에너지 비중이 45%를 넘어선 이후 연간 30억 유로 안팎까지 확대되었습니다. 전력망이 변동성을 흡수해야 하는 부담이 급격히 커졌기 때문입니다.

기존 교류 전력망의 가장 큰 제약은 주파수 동기화입니다. AC 계통에서는 모든 발전기와 수요가 50Hz 또는 60Hz라는 하나의 리듬에 묶여 있습니다. 태양광과 풍력은 인버터를 통해 전력을 계통에 공급하는데, 출력이 급변할 경우 주파수 안정성을 유지하는 데 기여하지 못합니다. 실제로 영국에서는 풍력 비중이 25%를 넘은 이후, 계통 관성이 과거 대비 절반 수준으로 감소했고, 이로 인해 주파수 이탈 위험을 관리하기 위한 추가 비용이 발생했습니다.

이런 배경에서 직류DC 기반 전력망이 대안으로 부상하고 있습니다. 고압직류송전HVDC은 동일 거리 기준으로 송전 손실이 교류 대비 약 30~40% 낮고, 전력 흐름을 전력전자 장치를 통해 정밀하게 제어할 수 있습니다. 현재 전 세계에는 약 300GW 이상의 HVDC 설비가 운영 중이며, 2030년에는 누적 용량이 600GW를 넘어설 것으로 전망됩니다.

유럽 북해에서는 영국·독일·네덜란드·덴마크를 잇는 해상 HVDC 네트워크가 구축되고 있으며, 단일 노선당 수송 용량은

1~2GW 수준에 이릅니다. 태양광과 풍력 발전기 인버터 성능을 대폭 강화하고 변화하는 계통 사정을 감안하여 여러 기능을 추가하는 개선 작업도 빠르게 진행되고 있습니다.

전력망의 구조 역시 중앙집중형에서 분산형으로 이동하고 있습니다. 태양광과 ESS, 전기차 충전기가 배전망 단계에서 빠르게 늘어나면서, 수요는 더 이상 수동적인 소비자가 아닙니다. 미국 캘리포니아에서는 가정용 태양광과 배터리를 결합한 가상발전소VPP가 이미 4GW 이상 운영되고 있으며, 이는 중형 가스 발전소 수십 기에 해당하는 규모입니다. 호주 남부에서는 배터리와 수요 반응을 결합한 분산 자원이 정전 위험을 낮추는 핵심 수단으로 자리 잡았습니다.

변동성 재생 에너지가 늘어날수록 전력망의 핵심 가치는 '송전 용량'이 아니라 '조정 능력'으로 이동합니다. 과거 전력망은 발전소에서 나온 전력을 얼마나 많이, 얼마나 멀리 보내느냐가 핵심이었습니다. 그러나 태양광과 풍력이 주력이 되는 시스템에서는 전력 흐름을 실시간으로 바꾸고, 필요할 때 줄이고 늘리는 능력이 더 중요해집니다.

이 과정에서 스마트 전력망smart grid은 선택이 아니라 필수가 됩니다. 스마트 전력망에서는 센서, IT, 전력시스템, 제어 소프트웨어를 결합해 발전·송전·배전·소비를 실시간으로 관측하고 제어하는 역량이 대폭 강화됩니다.

IEA에 따르면, 스마트 전력망 기술 도입으로 계통 운영 비용을 10~20% 절감한 국가들의 사례가 다수 보고되었습니다. 이탈리아는 2000년대 초 전국 단위 스마트 계량기를 도입해 송배전 손실률을 약

6%에서 4% 수준으로 낮췄고, 정전 복구 시간도 평균 40% 이상 단축했습니다.

전력망의 디지털화는 특히 배전망에서 중요해집니다. 재생 에너지의 상당 부분은 송전망이 아니라 배전망에 연결됩니다. 독일의 태양광 설비 중 약 60%는 배전망에 직결되어 있으며, 이로 인해 전통적인 '단방향' 배전 구조는 더 이상 유효하지 않게 되었습니다. 낮에는 전력이 역류하고, 저녁에는 급격히 수요가 늘어나는 패턴이 반복되면서 배전망의 전압 관리와 보호 체계가 핵심 이슈로 부상했습니다.

이 문제를 해결하는 수단 중 하나가 전력전자 기반 설비입니다. 인버터, STATCOM, 동기조상기synchronous condenser는 주파수와 전압을 빠르게 조정할 수 있는 장치입니다. 영국은 석탄 발전소 폐지 이후 줄어든 계통 관성을 보완하기 위해, 대형 동기조상기에 투자하고 있으며 단일 설비당 수백 Mvar(메가바) 규모의 무효전력[14] 조정 능력을 확보했습니다. 이 설비들은 전력을 생산하지 않지만, 전력망 안정성에는 결정적인 역할을 합니다.

전력망의 변화는 시장 제도와 분리될 수 없습니다. 기술적으로 가능한 제어가, 제도적으로 보상되지 않으면 투자로 이어지지 않기 때문

---

14   무효전력은 실제로 일을 하지는 않지만, 전력 설비가 정상적으로 작동하기 위해 필요한 전력을 말합니다. 전동기나 변압기처럼 자기장을 사용하는 설비에서는 유효전력과 함께 무효전력이 반드시 흐릅니다. 무효전력이 부족하면 전압이 불안정해지고, 과도하면 송전 손실이 커집니다. 그래서 전력망에서는 무효전력을 적절히 공급하고 조절하는 것이 중요합니다. 콘덴서, 리액터, STATCOM 같은 설비는 무효전력을 조정해 전압을 안정시키는 역할을 합니다. 재생 에너지 비중이 높아질수록 무효전력 관리의 중요성은 더 커집니다.

입니다. 그래서 여러 국가에서는 에너지량(MWh) 중심 시장에서 용량(MW), 유연성, 응답 속도를 따로 보상하는 시장을 도입하고 있습니다. 미국 일부 주에서는 10~15분 단위의 빠른 주파수 조정 서비스에 대해 별도 시장을 열었고, 배터리와 수요 반응 자원이 이 시장의 주요 참여자가 되었습니다.

수요 역시 고정된 값이 아니라 조정 가능한 자원으로 재정의되고 있습니다. 전력 수요의 약 20~30%는 시간 이동이 가능하다는 분석이 다수 존재합니다. 전기차 충전, 냉난방, 산업 공정 일부는 가격 신호나 자동 제어를 통해 피크를 회피할 수 있습니다. 실제로 프랑스의 수요 반응 프로그램은 혹한기 피크 수요를 최대 5GW까지 낮춘 사례가 있으며, 이는 대형 원자력 발전소 수 기에 해당하는 효과입니다. 변동성 재생 에너지로 인한 발전 변동과 수요 조정을 매끄럽게 묶고 여기에 가격 신호를 실시간으로 부여할 수 있는 역량이 스마트 전력망의 핵심 역량이며, 이를 빨리 구축할수록 재생 에너지 수용 용량이 확대됩니다.

전기화와 변동성 재생 에너지 확대를 전제로 할 때, 전력망 투자는 향후 에너지 전환에서 가장 큰 자본 수요가 발생하는 영역 중 하나입니다. IEA는 2030년까지 전 세계 전력분야 투자 규모가 연간 약 6,000억 달러 수준으로 확대되어야 한다고 추정합니다. 이는 2010년대 평균 투자액의 2배에 가깝습니다. 특히 증가분의 상당 부분은 신규 발전 설비가 아니라 송전망 증설, 배전망 강화, 디지털화에 투입됩니다.

미국은 바이든 정부 때 2035년 전력 부문 탈탄소화 목표를 천명했는데, 이를 위해 10년간 누적 1조 달러 이상의 전력망 투자가 필요하다는 분석이 나왔습니다. 유럽연합은 재생 에너지 확대와 국가 간 연계를 위해 2030년까지 약 5,800억 유로의 전력망 투자를 계획하고 있습니다. 중국 역시 초고압 직류UHVDC를 중심으로 서부-동부 간 대규모 송전망을 지속적으로 확장하고 있으며, 단일 노선당 투자 규모가 수십억 달러에 이르는 프로젝트가 흔합니다.

이 시장을 선점한 글로벌 기업들이 있습니다. 송·배전 장비와 전력전자 분야에서는 ABB, 지멘스 에너지Siemens Energy, 히타치 에너지Hitachi Energy가 상위권을 형성하고 있습니다. 이들은 변압기, 차단기, HVDC, 계통 안정화 설비 등 전력망을 구성하는 핵심 기자재들을 공급합니다. 케이블 분야에서는 프리즈미안 그룹Prysmian Group, 넥산스Nexans가 해저·육상 초고압 케이블에서 높은 점유율을 보입니다. 전력망은 표준과 신뢰성이 중요한 산업이기 때문에, 신규 진입자가 단기간에 시장을 잠식하기 어렵습니다.

전력망 자산은 다른 에너지 자산과 성격이 다소 다릅니다. 발전 설비가 전력 가격과 이용률에 직접 노출되는 반면, 전력망은 규제 기반 수익을 중심으로 작동하는 경우가 많습니다. 한정된 전력망을 이용해서 발전소와 소비자들이 전기를 주고받으므로, 전력망을 건설하고 운영하는 송·배전 사업자의 폭리 추구는 엄격히 통제됩니다. 송·배전 사업자는 투자액을 규제자산기저RAB[15]에 편입시키고, 정부가 인정하는 허용 수익률을 통해 장기간에 걸쳐 투자를 회수합니다. 이 구조는 변동성이 낮고 현금흐름 예측 가능성이 높아 연금·보험 자금과 궁합이 좋습니다.

다만 투자자 입장에서 주의할 점도 분명합니다.

첫째, 전력망 투자는 기술 리스크보다 제도 리스크에 더 크게 노출됩니다. 허용 수익률 산정 방식, 투자 회수 기간, 비용 전가 규칙이 바뀌면 자산 가치가 직접적으로 영향을 받습니다.

둘째, 프로젝트 지연 리스크입니다. 송전선 증설은 주민 수용성, 환경 규제, 토지 이용 갈등으로 인해 계획 대비 수년 이상 지연되는 경우가 흔합니다. 지연은 곧 자본비용 상승으로 이어집니다.

셋째, 금리 환경입니다. 전력망은 자본집약적 장수명 자산이므로 할인율[16] 변화에 민감합니다. 금리 상승 국면에서는 신규 투자의 속도가 늦어지고, 규제 당국과의 수익률 협상이 중요해집니다.

그럼에도 불구하고 전력망은 전기화 시대에 대체 불가능한 인프

---

15 규제자산기저Regulated Asset Base, RAB는 전력·가스·상수도처럼 독점적 성격을 가진 인프라 산업에서 요금 산정의 기준이 되는 자산 규모를 의미합니다. 정부나 규제기관은 사업자가 보유한 설비와 인프라 중 공익적 제공에 사용되는 자산을 RAB로 인정합니다. 사업자는 이 RAB에 대해 허용된 투자보수율을 적용해 수익을 회수합니다. 이 구조에서는 수요 변동과 무관하게 비교적 안정적인 현금흐름이 발생합니다. 그래서 전력망, 가스망, 송배전 인프라는 장기 투자자에게 채권과 유사한 자산으로 인식됩니다.

16 할인율은 미래에 받을 돈의 가치를 현재 시점의 가치로 환산할 때 사용하는 비율입니다. 같은 금액이라도 지금 받는 돈이 미래에 받는 돈보다 더 가치 있다고 보는 관점이 반영됩니다. 투자에서는 할인율이 높을수록 미래 현금흐름의 현재 가치는 크게 낮아집니다. 에너지 인프라처럼 초기 투자비가 크고 회수 기간이 긴 사업에서는 할인율이 사업성에 결정적인 영향을 미칩니다. 금리, 정책 안정성, 위험 인식이 할인율을 좌우하며, 1%포인트 차이만으로도 투자 판단이 달라질 수 있습니다.

라입니다. 발전원이 무엇이든, 전력 수요가 늘어나는 한 전력망은 반드시 확충되어야 합니다. 하지만 전력망 확충 속도는 일정하지 않으며 지역별 여건에 크게 좌우됩니다. 투자자는 "전력망 증설 병목이 어디에서 먼저 나타날 것인가?"를 물어야 하며, 그곳에 투자 기회가 있습니다.

에너지저장시스템(ESS)

에너지저장시스템(이하 'ESS')은 흔히 배터리로 이해되지만, 실제로는 훨씬 넓은 기술군을 포괄하는 개념입니다. 전기를 시간적으로 이동시키기 위한 모든 물리적·화학적 수단의 집합을 의미합니다.

전력 시스템에서 가장 오래된 저장 기술은 양수 발전입니다. 물을 높은 곳으로 끌어올렸다가 필요할 때 흘려내려 발전하는 방식으로, 20세기 중반부터 전력망의 핵심 완충 장치로 활용되어왔습니다. 2024년 기준 전 세계 전력 저장 용량의 약 85% 이상은 여전히 양수 발전이 차지하고 있습니다. 이는 저장이 최근에 등장한 보조 기술이 아니라, 오래전부터 전력 시스템이 필요로 해온 구조적 요소였음을 보여줍니다. 다만 양수발전은 지형 제약이 크고 신규 입지 확보에 오랜 시간이 걸리는 한계를 갖습니다.

2000년대부터 저장 기술은 점차 다변화되었습니다. 압축공기저장 CAES, 플라이휠, 열 저장, 수소와 합성연료를 활용한 화학적 저장까지 포함하면, ESS는 전기공학·기계공학·화학공학이 동시에 얽힌 영역이 됩니다.

이 기술들은 모두 '에너지를 저장한다'는 공통점을 가지지만, 얼마나 빠르게 반응해야 하는지, 얼마나 오래 저장해야 하는지, 어떤 비용 구조를 갖는지에 따라 다른 역할을 수행합니다.

저장을 이해할 때 중요한 기준은 기술의 종류가 아니라 시간입니다. 수 초에서 수 분 단위의 저장은 주파수 안정화와 계통 보호를 위한 것이고, 수 시간 단위 저장은 태양광과 풍력의 일간 변동을 흡수하는 역할을 합니다.

수일에서 수주 단위 저장은 바람이 불지 않거나 비가 계속 오는 기상 리스크를 대비하기 위한 것이며, 계절 단위 저장은 아직 실증과 초기 상용화 단계에 머물러 있습니다. 하나의 저장 기술이 이 모든 시간 요구를 동시에 충족시키기는 어렵습니다.

그럼에도 최근 ESS 논의의 중심에 배터리 저장이 놓여 있는 이유는 명확합니다. 배터리가 모든 문제의 해답이어서가 아니라, 현재 전력 시스템이 가장 자주 직면하는 시간대의 문제를 효율적으로 해결하기 때문입니다. 오늘날 전력망에서 반복적으로 발생하는 불균형은 수 초 단위의 사고나 계절 간 격차보다, 수 시간 단위의 수요·공급 불일치입니다.

태양광 발전은 낮 시간대에 집중되고, 풍력은 기상 조건에 따라 출력이 변동됩니다. 반면 전력 수요는 오전과 저녁에 피크를 형성합니다. 이 간극은 대체로 2~6시간 범위에서 발생합니다. 리튬이온 배터리 기반 ESS는 바로 이 구간을 효과적으로 메워줍니다. 설치가 간편하고, 장소 제약이 적으며, 밀리초 단위로 반응할 수 있다는 점에서 기존

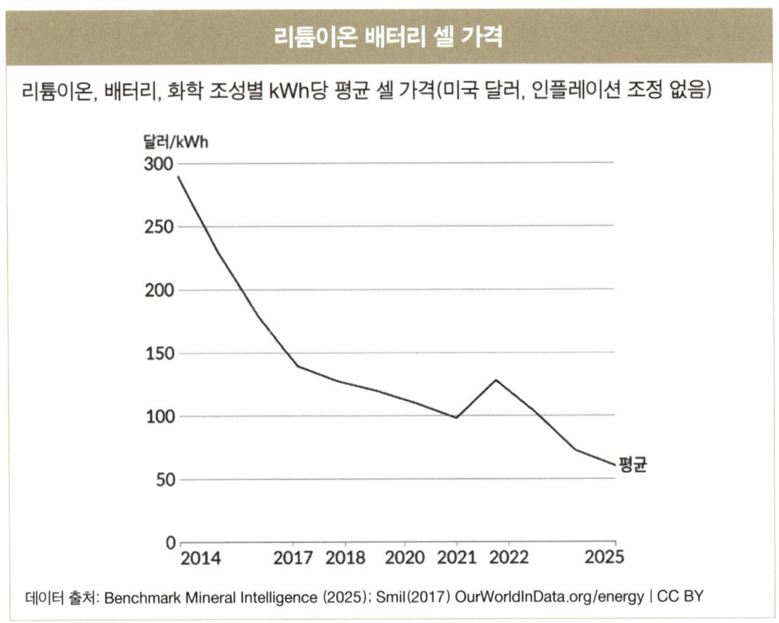

저장 기술과 뚜렷이 구분됩니다.

배터리 ESS가 급속히 확산된 또 하나의 이유는 비용 구조의 변화입니다. 2010년 대비 2024년까지 리튬이온 배터리 가격은 85% 이상 떨어졌습니다. 이 비용 하락은 ESS 산업 내부의 기술 혁신만으로 설명되기 어렵습니다.

결정적인 요인은 전기차 시장과의 결합이었습니다. 전기차 배터리 수요가 폭발적으로 증가하면서 생산 규모가 커졌고, ESS는 별도의 기술 도약 없이도 규모의 경제 효과를 공유할 수 있었습니다. 에너지 저장 산업이 독립적으로 성장했다면 얻기 어려웠을 비용 하락 경로입니다.

이 과정에서 ESS의 성격은 달라졌습니다. 과거 저장은 '있으면 좋은 설비'에 가까웠지만, 변동성 재생 에너지 비중이 30~40%를 넘어서면서 저장은 '없으면 계통이 제대로 작동하지 않는 설비'로 이동하고 있습니다. 전력 시스템의 구조 자체가 바뀌고 있기 때문입니다.

미래형 전력망에서는 발전·송전·소비가 동시에 흔들립니다. 발전은 날씨에 따라 변동하고, 송전망은 병목과 혼잡이 늘어나며, 소비는 전기차, 히트펌프, 데이터센터 확산으로 더 빠르게 움직입니다. 이 환경에서 ESS는 단순히 전기를 쌓아두는 설비가 아니라, 시간을 재배치하는 인프라로 작동합니다. 언제 생산된 전기를 언제 쓰게 할 것인지를 조정하는 장치입니다.

이 때문에 ESS의 가치는 저장 용량(MWh) 하나로 설명하기 어렵습니다. 같은 1MWh의 배터리라도 어느 계통에 연결되어 있는지, 어떤 시장에 참여하는지에 따라 수익 구조는 달라집니다. 주파수 조정, 용량 확보, 피크 절감, 재생 에너지 연계 계약 등 ESS가 수행할 수 있는 역할은 점점 늘어나고 있습니다. ESS는 단일 수익원에 의존하는 자산이 아니라, 다양한 사업 모델과 결합할 수 있는 자산으로 진화하고 있습니다.

전력망에서 발생하는 비효율의 상당 부분은 '전기가 부족해서'가 아니라, 수요와 공급의 시간과 장소 차이로 인해 발생합니다. 태양광 발전이 급증하는 낮 시간대에는 전력 가격이 0에 가까워지거나 음(-)의 가격이 형성되기도 합니다. 반대로 해가 지고 수요가 몰리는 저녁 시간에는 가격이 급등합니다. 이 가격 격차가 커질수록 전력 시스템은 불안정해지고, 발전 설비와 송전망은 과도한 부담을 떠안게 됩니다.

ESS는 이 시간적 불일치를 흡수하는 역할을 합니다. 전력이 남는 시간에 저장하고, 부족한 시간에 방출함으로써 가격 변동을 완화합니다. 실제로 미국 캘리포니아에서는 대규모 배터리 ESS가 본격적으로 보급된 이후, 저녁 시간대의 급격한 가격 스파이크가 눈에 띄게 줄어들었습니다. 2020년 대비 2023년 사이 캘리포니아 전력망에 설치된 배터리 용량은 약 1.5GW에서 7GW 이상으로 증가했으며, 이 과정에서 이른바 '덕 커브'의 경사가 완만해졌다는 평가가 나옵니다.

이 변화는 저장이 발전 설비를 직접 대체한다기보다, 발전 설비의 가치를 재배치한다는 점을 보여줍니다. 태양광과 풍력은 여전히 같은 양의 전기를 생산하지만, ESS를 통해 그 전기가 더 가치 있는 시간대로 이동합니다. ESS는 발전량을 늘리지 않으면서도, 시스템 전체의 효율과 안정성을 끌어올립니다. 이는 전통적인 발전 투자와는 다른 논리입니다.

ESS의 또 다른 핵심 역할은 계통 안정화입니다. 전력망은 주파수와 전압을 매우 좁은 범위 안에서 유지해야 합니다. 과거에는 이 역할을 주로 화력 발전기가 담당했습니다. 터빈의 회전 관성과 출력 조정 능력이 계통 안정의 기반이었기 때문입니다. 그러나 재생 에너지 비중이 높아지면서, 이러한 물리적 관성은 빠르게 줄어들고 있습니다.

배터리 ESS는 이 공백을 다른 방식으로 메웁니다. 물리적 회전 관성은 없지만, 전력전자 기반 제어를 통해 수 밀리초 단위로 출력을 조정할 수 있습니다. 호주 남부 전력망에서는 대형 배터리 ESS가 주파수 안정화 시장에 참여하면서, 기존 화력 발전보다 빠르고 정밀한 계통 대응이 가능해졌습니다. 이는 '느리지만 크던' 기존 발전기 중심의 안정화 방식에서, '작지만 빠른' 디지털 제어 방식으로의 전환을 의미합니다.

이러한 특성 때문에 ESS는 전력망의 디지털화와 강하게 결합됩니다. ESS는 단독으로 작동하지 않고, 실시간 가격 신호, 계통 상태, 수요 변화에 따라 제어됩니다. 이 과정에서 소프트웨어와 알고리즘의 중요성이 커집니다. 같은 배터리 설비라도 어떤 제어 전략을 적용하느냐에 따라 수익성과 계통 기여도는 크게 달라집니다. ESS는 물리적 자산이면서 동시에 데이터 기반 자산입니다.

현재 배터리 ESS의 주력 영역은 여전히 1~4시간 저장입니다. 이는 일간 변동을 흡수하는 데는 효과적이지만, 며칠 이상 지속되는 기상 리스크나 계절 간 격차를 해결하기에는 부족합니다. 겨울철 태양광 발전량이 크게 줄어드는 북유럽이나 독일에서는, 배터리만으로 시스템을 안정화하기 어렵다는 점이 이미 분명히 드러났습니다.

이 때문에 중장기적으로는 저장 기술의 다층화가 불가피합니다. 단기 조정은 배터리가 담당하고, 중기 저장은 열 저장이나 압축공기저장이 보완하며, 장기 저장은 수소와 합성연료 같은 방식이 역할을 나누는 구조입니다.

ESS는 하나의 기술로 완결되는 해법이 아니라, 여러 저장 수단이 결합되어야 합니다. 그럼에도 배터리 ESS가 현재 에너지 전환의 중심에서 각광을 받는 이유는 지금 당장 필요로 하는 저장의 형태와 가장 잘 맞기 때문입니다. 이는 ESS의 확산이 전력 시스템 구조 변화의 직접적인 산물임을 의미합니다.

최근 중국, 미국, 유럽에서 ESS 투자가 동시에 급증하는 현상도 이 구조 변화와 맞닿아 있습니다. IEA는 현재 약 200GW 수준인 글로벌 배터리 ESS 설치 용량이, 2030년에는 최소 1,200GW 이상으로 확대되어야 한다고 추정합니다. 이는 낙관적인 성장 전망이 아니라, 재생 에너지 확대와 전기화가 일정 수준을 넘을 경우 저장이 없이는 전력 시스템이 정상적으로 작동할 수 없다는 전제에서 나온 수치입니다.

중국에서 배터리 ESS 투자가 급증하는 이유는 재생 에너지 확대 속도가 계통 수용 능력을 앞질렀기 때문입니다. 대규모 태양광과 풍력이 집중적으로 설치되면서 출력 제한이 일상화되었고, 발전 설비를 더 짓는 것보다 이미 생산된 전기를 흡수할 장치가 더 중요해졌습니다. 이 때문에 중국에서는 신규 재생 에너지 프로젝트에 ESS를 결합하는 것이 정책적 선택이 아니라, 계통 규칙의 일부로 자리 잡았습니다.

미국의 경우 ESS 확산은 전력 가격 구조와 시장 제도 변화에 기인합니다. 태양광 비중이 높은 지역에서는 낮 시간대 가격이 급락하고, 저녁 피크에는 가격이 급등합니다. 이 환경에서 ESS는 에너지 차익, 주파수 조정, 예비력 제공을 동시에 수행하는 다기능 자산이 됩니다. 인플레이션 감축법IRA[17]을 통해 ESS 단독 설치에도 세제 혜택이 적용되면서, ESS는 발전 설비의 부속물이 아니라 독립적인 투자 자산으로 자리 잡았습니다.

유럽에서는 ESS 투자의 출발점이 에너지 안보와 계통 안정성입니다. 가스 의존도를 낮추는 과정에서 재생 에너지 비중은 높아졌지만, 송전망 확충은 사회적·정치적 제약으로 지연되고 있습니다. 이 공백을 메우는 역할을 ESS가 맡고 있습니다. 유럽에서 ESS는 장기적으로 송전망을 완전히 대체하지는 못하지만, 망 증설이 완료되기 전까지 시스템을 버티게 하는 완충 장치로 이해되고 있습니다.

이 세 지역 모두 ESS를 단일 기능 설비로 보지 않습니다. ESS의 경제성은 '얼마나 저장하느냐'보다, 어떤 수익을 얼마나 겹쳐서 확보하느냐, 즉 수익 스태킹에 의해 결정됩니다. 에너지 차익, 용량 보상, 주파수 조정, 계통 혼잡 완화 등 여러 기능을 동시에 수행할 수 있을 때 투자 성립성이 높아집니다. IEA 역시 향후 ESS 투자의 핵심은 단일 수익 모델이 아니라, 시장과 제도에 맞춘 수익 스태킹 구조라고 강조합니다.

이 점에서 ESS는 글로벌 기술 트렌드이면서 동시에 철저히 지역 자산입니다. 중국에서는 출력 제한 해소 수단으로, 미국에서는 가격 변동성 대응 자산으로, 유럽에서는 계통 안정과 안보 자산으로 작동합니다. 같은 회사의 동일한 기술의 배터리 ESS라도 해당 전력 시장

17 인플레이션 감축법Inflation Reduction Act, IRA은 2022년 미국에서 제정된 대규모 경제·기후 법안입니다. 이름과 달리 핵심 목적은 물가 억제뿐 아니라 기후 대응과 산업 정책에 있습니다. 이 법은 재생 에너지, 전기차, 배터리, 수소, 탄소 포집 같은 분야에 대해 장기적인 세액공제와 보조금을 제공합니다. 특히 10년 이상 유지되는 인센티브 구조를 통해 기업과 투자자가 중장기 계획을 세울 수 있도록 설계되었습니다. IRA는 기후 정책이자 동시에 미국 제조업을 자국으로 끌어들이는 산업 전략으로 평가받고 있습니다.

의 규칙과 보상 구조에 따라 수익 스태킹의 범위가 달라지므로 실질적으로 다른 자산이 됩니다.

그러므로 투자자는 ESS가 어떤 문제를 해결하도록 설계되어 있는가, 그리고 그 역할이 몇 개의 수익 흐름으로 보상되는가에 주목해야 합니다. ESS는 제도와 시장이 수익을 좌우한다고 봐도 크게 틀리지 않습니다.

정리하면, 최근의 ESS 투자 급증은 배터리 기술의 성숙만으로 설명되지 않습니다. 전력 시스템이 변동성을 외부로 떠넘길 수 없는 단계로 진입했고, 그 결과 저장은 선택이 아니라 구조적 필수 요소가 되었습니다. ESS는 이제 '있으면 좋은 설비'가 아니라, 없으면 시스템이 불안정해지는 인프라입니다.

● 열에너지와 수소

전기화 논의에서 가장 자주 간과되는 영역은 열 에너지입니다. 전기는 눈에 보이는 에너지이지만, 실제로 인류가 사용하는 에너지의 상당 부분은 여전히 열의 형태로 소비됩니다.

IEA에 따르면 전 세계 최종 에너지 소비의 약 50% 이상은 난방·공정·증기 등 열 수요입니다. 전력 소비 비중이 약 20%대, 수송 연료가 약 30% 내외인 것과 비교하면, 열은 에너지 시스템의 가장 큰 덩어리입니다.

특히 산업 부문에서는 이 특성이 더 뚜렷합니다. 철강, 시멘트, 화학, 식품, 제지 산업은 모두 열 없이는 작동할 수 없습니다. 문제는 이 열의 성격이 매우 다양하다는 점입니다. 산업 열 수요는 100℃ 이하의 저온 공정부터 1,000℃를 넘는 고온 공정까지 폭넓게 분포합니다. 예를 들어 식품·제지·섬유 산업은 60~150℃ 구간의 열이 핵심이고, 화학 공정은 200~400℃, 시멘트와 철강은 1,000~1,500℃ 이상의 고온 열을 요구합니다. 이 다양성 자체가 열 공급 분야의 전기화를 어렵게 만듭니다.

가정과 상업 부문의 열 수요에 대한 전기화가 비교적 빠르게 진행되는 이유는, 필요한 열의 온도 범위가 상대적으로 좁기 때문입니다. 난방과 급탕은 대체로 30~70℃ 범위에 집중됩니다. 이 영역에서는 히트펌프가 효과적인 해법이 됩니다. 히트펌프는 투입 전력 대비 3~4배(COP 3~4)의 열을 공급할 수 있어, 최신 가스 보일러(효율 약 90%)보다 1차 에너지 효율이 월등히 높습니다.

스웨덴과 노르웨이에서는 가정용 난방의 60% 이상이 히트펌프로 전환되었고, 핀란드에서는 신축 주택의 히트펌프 보급률이 80%를 넘습니다. 독일 역시 2023년 기준 신규 난방 설비 중 히트펌프 비중이 30% 이상으로 빠르게 증가했습니다. 이들 국가는 난방 전기화가 전력 수요를 늘리지만, 동시에 전체 에너지 소비와 배출을 줄일 수 있음을 보여줍니다.

그러나 산업 분야에서는 상황이 복잡합니다. 히트펌프는 원리상 열원과 수요자가 원하는 열의 온도 차가 클수록 효율이 떨어집니다.

공급해야 하는 열 에너지의 온도가 150℃를 넘어가면 기존 상용 히트 펌프의 성능은 급격히 저하됩니다. 200℃ 이상 고온 히트펌프는 기술적으로 가능하지만, 비용과 신뢰성 측면에서 갈 길이 멉니다. 이 때문에 현재 산업 분야 열의 전기화는 전체 산업 열 수요의 10% 내외에 머물러 있습니다.

그럼에도 가능성은 분명히 존재합니다. 첫째, 산업 열 수요의 절반 이상은 200℃ 이하라는 점입니다. 유럽연합 집계에 따르면 산업 열 수요의 약 55%는 중저온 영역에 속합니다. 둘째, 공정 혁신입니다. 기존 공정을 그대로 전기화하는 것이 아니라, 공정 자체를 재설계해 요구 온도를 낮추려는 시도가 늘고 있습니다. 셋째, 열 저장과의 결합입니다. 전기로 생산한 열을 저장해 피크를 완화하면, 전력망 부담도 줄일 수 있습니다.

덴마크에서는 대규모 전기 히트펌프와 열 저장을 결합한 지역난방 시스템이 가스 보일러를 대체하고 있습니다. 단일 설비 용량이 50MWth를 넘는 산업용 히트펌프가 이미 상용화 단계에 들어섰습니다. 독일 화학 산업에서는 전기 보일러와 히트펌프를 조합해 150~200℃ 공정을 전기로 전환하는 실증 프로젝트가 진행 중입니다. 일본에서는 식품·음료 공장에서 저온 증기를 전기로 공급하는 사례가 늘고 있습니다.

이런 흐름들이 시사하는 바는 분명합니다. 열의 전기화는 단일 기술의 문제가 아니라, 온도·공정·저장·전력망을 함께 재설계하는 문제입니다. 그래서 전기화는 가정보다 산업에서 느리고, 하지만 성공할 경우 파급력은 큽니다. 산업 열 분야 전체 에너지 수요의 약 30%를 차지하므로, 이 영역이 변하기 시작하면 에너지 시스템의 구조에도 큰 영향을 끼치게 됩니다.

하지만 모든 열을 전기로 만들 수 없고, 모든 공정을 히트펌프로 대체할 수는 없습니다. 그래서 보완 수단이 필요하며, 수소가 유력한 후보입니다.

수소는 전기화가 닿기 어려운 고온 공정과 장주기 저장이라는 두 가지 영역에서 역할을 기대받고 있습니다. 수소는 연소 과정에서 물과 열만 나오므로 오염 문제가 없는 클린 에너지입니다. 전기 분해로 수소를 만들 수 있으므로 전력 시스템과의 연계도 편리합니다. 그래서 고온 산업 열, 대형 수송, 장주기 에너지 저장이라는 세 영역에서 수소는 다른 대안이 거의 없는 후보로 거론됩니다.

먼저 고온 산업 열입니다. 철강, 시멘트, 유리, 일부 화학 공정은 1,000℃ 이상의 열을 요구합니다. 이 영역에서 전기 히터나 히트펌프는 기술적으로 가능하더라도 비용과 설비 규모, 계통 부담이 급격히 커집니다. 반면 수소 연소는 기존 화석연료 연소 설비와 유사한 방식으로 고온 열을 공급할 수 있습니다.

대표적인 사례가 철강입니다. 전 세계 철강 생산량은 연간 약 19억 톤이며, 이 과정에서 배출되는 이산화탄소는 전 세계 배출의 약 8%를 차지합니다. 스웨덴의 HYBRIT 프로젝트는 석탄 대신 수소를 환원제로 사용해 철을 생산하는 실증에 성공했습니다. 이 공정은 이론적으로 철강 공정의 온실가스 배출을 90% 이상 줄일 수 있습니다. 다만 아직까지는 높은 수소 가격과 설비 투자비 때문에 상업적 경쟁력은 부족합니다.

두 번째 영역은 대형 수송 수단입니다. 승용차와 소형 상용차는 전기화가 빠르게 진행되고 있지만, 대형 트럭, 선박, 항공은 이야기가 다릅니다. 이들 분야는 에너지 밀도가 핵심입니다. 리튬이온 배터리의 중량 기준 에너지 밀도는 약 0.2~0.3kWh/kg 수준입니다. 반면 수소는 질량 기준으로 33kWh/kg에 달합니다. 물론 실제 시스템에서는 저장·압축·연료전지 효율을 고려해야 하지만, 장거리·대형 수송에서는 매력적인 대안입니다.

실제 적용 사례도 늘고 있습니다. 유럽과 중국에서는 수소 연료전지 기반 40톤급 대형 트럭이 운행이 시작되었고, 일부 노선에서는 하루 500~700km 운행이 가능하다는 결과가 보고되었습니다. 해운 분야에서는 암모니아나 메탄올 형태로 수소 연료를 활용하는 선박이 등장하고 있습니다.

2025년 기준 글로벌 선박 발주 물량 중 40% 이상이 대체 연료 추진 선박이었고, 이 중 상당수가 수소 기반 연료를 염두에 두고 설계되었습니다. 항공에서도 단거리 항공편을 중심으로 수소 항공기 개념 설계가 진행되고 있지만, 본격 상용화는 2035~2040년 이후로 예상됩니다.

세 번째 영역은 장주기 에너지 저장입니다. 전력망에서 배터리가 담당하는 영역은 주로 1~4시간, 길어도 8시간 내외입니다. 그러나 계절별 날씨 차이나 일주일 이상 지속되기도 하는 무풍·무일조 기간을 대비하려면 수일에서 수주 단위의 저장이 필요합니다. 이 영역에서 배터리는 비용과 자원 측면에서 비현실적입니다. 수소가 필요한 분야입니다.

재생 에너지 발전량이 많은 시기에 전기를 수소로 전환해 저장하고, 필요할 때 다시 전기나 열로 사용하는 방식은 효율이 낮습니다. 전기 → 수소 → 전기 전체 효율은 25~35% 수준에 불과합니다. 그럼에도 불구하고 수소가 논의되는 이유는, 이 방식이 대규모·장기간 저장을 가능하게 하기 때문입니다. 독일은 재생 에너지 잉여 전력을 활용한 파워투가스[18] 실증을 통해 수소를 지하 동공에 저장하는 실험을 진행하고 있습니다. 단일 사이트의 저장 규모가 수백 GWh에 달하는 사례도 등장하고 있습니다.

그러나 수소의 한계 역시 분명합니다. 수소는 물리적으로 다루기 어려운 에너지입니다. 상온·상압에서 부피 기준 에너지 밀도가 매우 낮아, 저장과 운송을 위해서는 700bar 고압 압축이나 −253℃ 액화가 필요합니다.

이 과정에서 추가 에너지 소모와 비용이 발생합니다. 또한 수소는 분자 크기가 작아 누출이 쉽고, 금속을 취약하게 만드는 수소 취성 문

18 　파워투가스Power-to-Gas는 전력이 남는 시간대에 생산된 전기를 가스로 전환해 저장하거나 활용하는 기술 개념입니다. 주로 재생 에너지 전력을 이용해 물을 전기분해해 수소를 만들고, 이 수소를 그대로 쓰거나 이산화탄소와 결합해 합성메탄으로 전환합니다. 전기는 저장이 어렵지만 가스는 장기간 대규모 저장이 가능하다는 점에서 전력 시스템의 유연성을 높이는 수단으로 논의됩니다. 다만 전환 과정에서 에너지 손실이 커 효율은 낮은 편이며, 전력망 보완 수단으로 제한적으로 활용되는 것이 현실입니다.

제도 존재합니다. 이 때문에 수소 공급망은 기존 가스망을 그대로 사용할 수 없고, 상당 부분을 새로 구축해야 합니다.

수소 가격도 더 낮아져야 합니다. 화석연료 기반 회색 수소의 생산 비용은 지역에 따라 1~2달러/kg 수준이지만, 재생 에너지 기반 그린 수소는 3~6달러/kg 범위에 머물러 있습니다. 철강이나 화학 공정에서 경쟁력을 확보하려면 대략 2달러/kg 이하가 필요하다는 분석이 많습니다. 즉 기술 가능성과 경제성 사이에는 아직 큰 간극이 존재합니다.

이 때문에 수소의 활용 영역은 제한될 것으로 예상됩니다. 전기화가 가능한 곳은 전기로 하고, 전기화가 구조적으로 어려운 영역에 수소를 보완적으로 활용하는 그림입니다. 실제로 IEA는 2050년 넷제로 시나리오에서 최종 에너지 소비 중 수소 비중을 약 10% 내외로 제시하고 있습니다. 수소가 전기화를 보완하는 조연이라는 의미입니다.

투자 관점에서 보면 주연과 조연의 차이는 큽니다. 수소는 장기적 잠재력은 크지만, 채택 경로와 보급 속도는 불확실합니다. 인프라·정책·수요 창출에 대한 전망도 불확실합니다. 어느 산업에서, 어떤 형태로, 누가 비용을 부담할 것인지가 명확해질 때에만 안정적인 자산이 됩니다. 수소는 전기와 경쟁하는 기술이 아니라 보완하는 기술이며 둘의 조합이 중요합니다. 에너지 전환 전체를 볼 때 각 기술이 어떤 역할을 맡게 될지, 역할 분담이 어떻게 진행될지를 잘 살펴야 합니다.

● 광물자원

에너지 전환은 기술의 문제가 아니라 물질의 문제이기도 합니다. 전기를 더 많이 쓰는 사회로 이동할수록, 전기를 만들고 옮기고 저장하는 데 필요한 광물자원의 중요성은 급격히 커집니다. 화석연료 중심의 에너지 시스템이 연료 연소에 의존했다면, 전기화된 에너지 시스템은 전력 설비를 중심으로 운영됩니다. 이때 핵심이 되는 것이 금속과 광물입니다.

가장 대표적인 자원은 구리입니다. 구리는 전기 전도성이 뛰어나 송전선, 변압기, 모터, 발전기, 전기차 배선에 광범위하게 사용됩니다. 분석에 따르면 내연기관 차량 한 대에 들어가는 구리는 약 20~25kg 수준이지만, 전기차에는 60~80kg 이상이 필요합니다. 풍력 터빈 하나에는 수 톤, 해상풍력 단지 전체에는 수만 톤의 구리가 사용됩니다. 전력망 확충까지 포함하면, 전기화는 곧 구리 수요의 구조적 증가를 의미합니다.

수요 전망도 이를 뒷받침합니다. 연간 기준 글로벌 구리 수요는 2025년 약 2,800만 톤에서 2035년에는 3,500만 톤 이상으로 증가할 것으로 예상됩니다. 증가분의 상당 부분은 전력망, 전기차, 재생 에너지 설비에서 발생합니다. 문제는 공급입니다. 신규 구리 광산 하나를 개발하는 데는 탐사부터 상업 생산까지 10~15년이 소요됩니다. 단기적으로 수요가 늘어도 공급은 빠르게 늘어나기 어렵습니다.

전기화의 또 다른 핵심 자원은 은입니다. 은은 태양광 패널의 전극과 고전압 접점에 사용됩니다. 태양광 모듈 한 장에 들어가는 은의 양은 수 g 수준이지만, 글로벌 설치량이 연간 300GW를 넘어서는 상황에서는 무시할 수 없는 규모가 됩니다. 실제로 태양광 산업은 전 세계 은 수요의 약 10% 내외를 차지하고 있습니다. 효율 개선과 절감 노력이 진행되고 있지만, 완전한 대체는 쉽지 않습니다.

백금족 금속도 중요합니다. 백금과 팔라듐은 수소 연료전지, 전해조, 일부 촉매 공정의 핵심 소재입니다. 연료전지 차량 한 대에는 수 g에서 10g 이상의 백금이 필요합니다. 전해조 역시 출력 규모에 따라 상당량의 귀금속을 요구합니다. 이들 금속은 매장량이 제한적이고, 생산이 특정 국가에 집중되어 있습니다. 백금의 경우 전 세계 생산의 약 70% 이상이 남아프리카공화국에 집중되어 있습니다.

희토류 공급은 전기화의 또 다른 병목입니다. 네오디뮴[Nd], 디스프로슘[Dy] 같은 희토류는 고성능 영구자석의 핵심 재료입니다. 전기차 모터, 풍력 터빈, 로봇과 자동화 설비에 광범위하게 사용됩니다. 최신 풍력 터빈 한 기에는 수백 kg의 희토류 자석이 들어가기도 합니다. 희토류는 정제와 분리 과정이 복잡하고 많은 환경 오염 물질을 배출합니다. 이 때문에 생산과 가공이 특정 국가에 집중되는 경향이 강합니다.

이러한 광물자원의 공통된 특징은 세 가지입니다. 첫째, 수요는 빠르게 늘지만 공급은 느리게 반응합니다. 둘째, 생산과 가공이 소수 지역에 집중되어 있습니다. 셋째, 대체가 쉽지 않습니다. 기술적으로 대체 가능한 경우도 있지만, 비용과 성능에서 손실이 발생합니다. 이로 인해 에너지 전환 과정에서 광물자원 공급망의 확대와 재편이 필연적으로 수반됩니다.

투자 관점에서 보면, 광물자원은 양면성을 가집니다. 전기화가 진행될수록 구조적 수요 증가의 수혜를 받을 수 있지만, 가격 변동성이 크고 지정학적 리스크에 취약합니다. 또한 자원 개발은 환경 규제, 지역 사회 갈등, 정책 변화에 크게 영향을 받습니다. 광업 분야의 성장은 필연적이지만 동시에 공급 제약과 정치적 변수를 함께 안고 투자를 결정해야 합니다.

광물자원 이슈는 단순한 원자재 문제가 아니라는 점은 지정학적 구조에서 분명히 드러납니다. 에너지 전환에 필수적인 광물은 생산지와 가공지가 분리되어 있는 경우가 많습니다. 구리는 칠레와 페루 같은 남미에서 많이 생산되지만, 정제 능력은 아시아에 집중되어 있습니다. 희토류는 매장량 자체보다 정제·분리 공정이 핵심인데, 이 공정의 상당 부분이 중국에 집중되어 있습니다. 글로벌 희토류 정제 능력의 80% 이상이 한 국가에 편중되어 있다는 점은, 전기화가 진행될수록 공급망 리스크가 커진다는 뜻입니다.

이 구조는 과거 석유 의존과 닮은 점이 많습니다. 석유 시대에는 중동의 유전과 해상 수송로가 지정학의 핵심이었다면, 전기화 시대에는 광산과 정제 시설, 그리고 이들을 연결하는 산업 공급망이 새로운 전략 자산이 됩니다. 에너지 전환이 진행될수록 어디서 금속을 조달하느냐가 중요한 질문이 됩니다.

이 때문에 주요 국가들은 자원 확보 전략을 에너지 정책의 일부로 다루기 시작했습니다. 미국은 핵심 광물 리스트를 지정하고, 동맹국과의 공급망 협력을 강화하고 있습니다. 유럽연합은 핵심 원자재법CRMA 을 통해 특정 국가 의존도를 낮추려는 정책을 추진 중입니다. 중국은 이미 수십 년 전부터 광물 개발과 정제, 제조를 하나의 산업 전략으로 묶어왔습니다.

다만 광업의 미래를 너무 낙관적으로 보면 위험합니다. 가격이 오르면 대체 기술이 개발됩니다. 은 사용량을 줄인 태양광 셀 설계, 희토류 사용을 최소화한 모터 구조, 구리를 알루미늄으로 일부 대체하는 시도들이 이미 진행 중입니다. 이 변화는 단번에 일어나지 않지만, 장기적으로는 수요 증가 속도를 완화하는 역할을 합니다.

또 하나 중요한 변수는 재활용입니다. 배터리, 태양광 패널, 풍력 설비는 수명이 끝나면 다시 광물로 돌아옵니다. 아직은 초기 단계지만, 2030년 이후에는 폐배터리와 폐설비에서 회수되는 금속이 의미 있는 공급원이 될 가능성이 큽니다.

예를 들어 리튬이온 배터리에서 니켈과 코발트의 회수율은 기술적으로 90% 이상까지 가능하다는 평가도 나옵니다. 재활용은 신규 광산을 완전히 대체하지는 못하지만, 공급망의 변동성을 줄이는 완충 장치로 작동할 수 있습니다.

그럼에도 불구하고 단기적으로는 광물자원의 제약이 에너지 전환 속도를 좌우할 가능성이 큽니다. 발전 설비를 늘리고 전력망을 확충하려 해도, 필요한 금속이 제때 공급되지 않거나 가격이 폭등하면 계획은 지연됩니다. 이는 에너지 전환이 '의지의 문제'만으로 해결되지 않는 이유이기도 합니다. 물리적 자원이 허용하는 범위 안에서만 전환은 진행됩니다.

투자자 관점에서 광물자원은 접근 방식이 중요합니다. 광물 가격 자체에 직접 베팅하는 방식은 변동성이 큽니다. 경기 둔화, 중국 수요 변화, 정책 신호 하나로 가격이 크게 흔들릴 수 있습니다. 반면 장기 투자자는 광물 그 자체보다 광물에 구조적으로 노출된 산업을 보는 것이 더 적합한 경우가 많습니다. 전력망, 전기차, 재생 에너지 설비, 저장 시스템처럼 광물 수요가 내재된 인프라 자산은 가격 변동을 흡수하면서도 장기 수요 증가의 수혜를 받을 가능성이 큽니다.

또한 광물자원은 단일 자산이 아니라 포트폴리오 관점에서 봐야 합니다. 특정 금속 하나에 집중하기보다, 전기화 전반에 필요한 여러 자원에 분산 노출되는 구조가 리스크를 낮춥니다. 에너지 전환은 하나의 광물에 의해 좌우되지 않기 때문입니다. 구리, 은, 희토류, 백금족 금속은 서로 다른 시장과 다른 위험 요인을 가집니다.

에너지 전환은 보이지 않는 곳에서 이미 자원 전환을 동반하고 있습니다. 연료 중심의 세계에서 설비와 금속 중심의 세계로 이동이 진행 중입니다. 이 과정에서 광물자원은 단기적인 테마가 아니라, 전기화가 지속되는 한 계속 따라붙는 구조적 변수입니다. 전기화라는 흐름 속에서 광물자원이 어떻게 병목으로 작용하고, 어떤 산업과 자산이 기회를 잡아 성장하는지를 읽어내야 하겠습니다.

핵심 정리

- 재생 에너지 확대는 '연료를 바꾸는 것'이 아니라 공급망과 자산 구조를 제조업형(태양광) · 입지/제도형(풍력) · 연료형(바이오)으로 동시에 재편하는 과정입니다.

- 태양광은 연료비 0에 가까운 자산이며, 효율 · 공정 개선과 학습곡선이 비용을 좌우합니다. 다만 설비 이용률(대략 15~25%)과 변동성 때문에 시스템 통합(저장 · 망 · 수요관리) 없이는 한계가 빨리 드러납니다.

- 풍력은 '터빈'보다 '바람(풍질)'과 '시간(인허가 · 계통연계)'이 가치를 결정합니다. 풍속의 세제곱 법칙 때문에 입지 차이가 수익성을 크게 갈라놓고, 해상은 특히 해저 지반 · 수심 · 케이블 · 변전소가 공사비와 일정의 핵심 변수입니다.

- 바이오는 재생 에너지 중 드문 '급전가능(dispatchable)' 전원으로, 변동성 전원(태양광 · 풍력)의 공백을 메우고 열(특히 CHP) · 폐기물 처리와 결합될 때 사회적 수용성과 현금흐름 안정성이 커집니다. 단, 연료 조달 구조가 리스크의 중심입니다.

- 전기화가 깊어질수록 전력망은 '송전량'보다 실시간 조정능력(주파수 · 전압 · 혼잡 관리)이 핵심 가치로 이동합니다. 재생 비중이 일정 수준을 넘으면 계통 비용이 급증하고, 배전망 · 전력전자 · 디지털 제어가 중요해집니다.

- 저장(ESS)은 '배터리'가 아니라 시간축(초 · 분, 시간, 일 · 주, 계절)별 다층 구조가 본질입니다. 현재 시스템이 가장 자주 마주치는 문제(수 시간 불일치)를 배터리가 잘 해결해 급증했지만, 장주기 · 고온열은 수소/열 저장 등 보완 축이 필요합니다. 동시에 전기화는 구리 · 은 · 희토류 · 백금족 등 광물 수요를 구조적으로 키우며, 공급은 느리게 반응해 병목이 됩니다.

'태양광 투자=제조 경쟁 투자'입니다. '발전소'라기보다 공정·규모·공급망 통제가 원가를 결정하므로, 설치량 숫자보다 누가 제조 생태계(모듈·인버터·BOP)에서 마진을 가져가는지를 봐야 합니다.

태양광·풍력은 일정 비중을 넘으면 '발전'보다 '통합(저장·망·수요반응)'이 알파를 만드는 구간으로 들어갑니다. 이때 수혜는 종종 가장 지루해 보이는 자산(변압기·차단기·케이블·계통보조서비스·제어 SW)로 이동합니다.

해상풍력은 기술 리스크보다 '입지·제도·일정' 리스크가 큽니다. 투자 판단의 핵심 질문은 '터빈 효율'이 아니라 허가 3년 vs 8년, 계통 접속 확정 vs 대기, 해저 지반 리스크, 항만·설치선 확보 여부입니다.

바이오 에너지는 현금흐름 안정성에 주의해야 합니다. 연료가 어떤 조건으로 확보되느냐(폐기물/부산물 기반인지), 열·전력 장기계약이 있는지에 따라 현금흐름이 크게 변동됩니다.

전력망(특히 배전망)과 계통 안정화 설비는 규제·제도에 묶인 인프라 수익이 핵심입니다. 전기화가 진행될수록 필수성이 커지지만, 리스크는 기술이 아니라 규제수익(RAB/허용수익률)·프로젝트 지연·금리(할인율)에서 발생합니다.

ESS는 '설비'가 아니라 '시장 설계'에 베팅하는 자산입니다. 같은 배터리라도 지역별로(중국=출력제한 해소, 미국=가격변동성/다중시장, 유럽=망 지연의 완충) 역할이 달라 수익 스태킹(차익·용량·주파수·혼잡완화) 가능성이 수익률을 좌우합니다. 동시에 광물(구리·은·희토류·백금족) 병목은 변동성이 크므로, 직접 가격 베팅보다 광물 수요가 내재된 인프라·장비·재활용/정제·공급망으로 분산 노출하는 편이 장기투자에 유리합니다.

전기화 시대의 '에너지 사용' 혁신

● 효율 개선과 시장화

효율 개선은 "에너지를 덜 쓰자"라는 도덕적 구호가 아니라, 같은 서비스를 더 적은 에너지로 제공하자는 공학적·경제적 전략입니다. 이 점을 분명히 하지 않으면 1장에서 설명한 "에너지 수요는 줄이기 어렵다"라는 명제와 모순처럼 보일 수 있습니다.

그러나 두 주장은 충돌하지 않습니다. 장기적으로 보면 인구 증가, 소득 상승, 전기화 확산 때문에 에너지로 제공되는 서비스의 총량은 계속 늘어납니다. 효율 개선은 이 증가를 없애는 것이 아니라, 증가 속도를 낮추고 시스템 부담을 완화하는 역할을 합니다. 다시 말해, 효율은 수요를 '없애는 수단'이 아니라 수요 증가를 관리 가능한 범위로 누르는 수단입니다.

이 때문에 각국은 효율 개선을 기후정책의 보조 수단이 아니라, 전력망·발전 투자 부담을 줄이는 공급 대체 자원으로 취급합니다. 유럽연합은 2030년까지 최종 에너지 소비를 2020년 전망치 대비 11.7% 낮추는 목표를 법제화했고, 2024~2030년 기간 동안 회원국에 연평균 1.49%의 에너지 절감 의무를 부과했습니다. 공공부문에는 매년 최종 에너지 소비 1.9% 절감, 공공건물은 연간 바닥면적의 3% 개보수라는 구체적 수치까지 명시했습니다. 이는 효율 개선이 '자발적 노력'을 넘어, 정책적 의무 사항이자 시장 메커니즘으로 전환되었음을 보여줍니다.

효율 개선의 기술과 서비스는 이미 성숙한 산업 생태계를 형성하고 있습니다. 건물 부문에서는 단열 보강과 고성능 창호만으로 난방 수요를 30~50%까지 줄일 수 있고, LED와 조명 제어는 조명 전력 소비를 50~70% 절감합니다. 산업 부문에서도 고효율 모터와 인버터 적용으로 전력 사용을 10~20%, 압축공기 시스템 최적화로 20~30%의 에너지 절감이 가능합니다. 효율 개선은 산업 공정은 그대로 두고, 에너지 손실만 줄일 수 있어 사용자의 부담이 적은 점이 장점입니다.

전기화가 진전될수록 효율 개선의 성격도 바뀝니다. 과거에는 '설비를 바꾸는 것'이 핵심이었다면, 이제는 운영과 제어가 중심이 됩니다. 이를 가능하게 하는 기반이 스마트 계량기와 에너지관리시스템EMS입니다. 영국의 경우 2025년 기준 스마트 계량기 설치 대수가 약

3,900만 대, 실제 활발히 사용중인 스마트 계량기가 3,200만 대에 이릅니다. 이 인프라는 단순한 검침 자동화를 넘어, 실시간 가격 신호와 수요 반응을 연결하는 토대가 됩니다. 수요를 측정할 수 있어야, 수요를 조정할 수 있기 때문입니다.

여기서 효율 개선은 자연스럽게 수요관리로 이어집니다. 전기화 시대에는 피크 전력 부하 관리가 더 중요해집니다. 전기차 충전, 히트펌프 난방, 데이터센터 부하는 시간 이동이 가능합니다. 이를 가격 신호와 자동 제어로 유도하면, 발전과 전력망을 추가로 짓지 않고도 피크를 낮출 수 있습니다. 영국의 수요관리 서비스는 2023/24년 겨울 동안 17회의 수요 감축 이벤트를 운영했고, 약 180만명의 사용자들이 참여해 총 2,500MWh 이상의 수요를 이동시켰습니다. 이는 대형 발전소 한 기를 새로 짓는 것과 같은 효과를, 훨씬 낮은 비용으로 얻은 사례입니다.

유럽 대륙에서도 유사한 흐름이 나타납니다. 프랑스는 혹한기 피크 관리 프로그램을 통해 최대 5GW의 수요를 단기간에 줄인 경험이 있고, 북유럽 국가들은 산업 수요를 전력 시장에 참여시키는 방식으로 피크 대응을 강화해왔습니다. 이들 사례의 공통점은 수요를 '고정된 값'이 아니라, 가격과 계약에 반응하는 자원으로 취급한다는 점입니다.

이 지점에서 수요관리는 에너지 시장 자유화와 연결됩니다. 가격이 왜곡된 상태에서는 수요가 움직이지 않습니다. 시간대별·계절별 가격 신호가 분명해질수록, 효율 투자와 수요 반응의 경제성은 커집니다. 실제로 유럽의 전력 도매시장에서는 재생 에너지 확대 이후 시간대 가격 변동성이 커졌고, 이 변동성이 바로 수요관리와 효율 서비스의 수익 기반이 되었습니다. 수요를 이동시켜 얻는 절감액이, 서비스 사업자의 수익이 되는 구조입니다.

투자 관점에서 보면 효율 개선과 수요관리는 '에너지를 덜 쓰는 이야기'가 아닙니다. 이는 에너지 인프라 투자 부담을 줄이는 기술과 서비스에 대한 투자입니다. 발전소와 송전망을 늘리지 않고도 전력 시스템의 실질적인 용량을 확장할 수 있다면, 그만큼 자본비용을 아낄 수 있습니다.

수요관리의 핵심은 시장 설계에 있습니다. 수요가 움직이려면, 움직였을 때 보상이 분명해야 합니다. 유럽이 수요관리를 제도화할 수 있었던 배경에는 전력 시장의 단계적 자유화가 있습니다. 도매시장에서 시간대별 가격 변동이 확대되고, 보조 서비스 시장이 세분화되면서 수요 자원도 발전기와 동일한 '시장 참여자'로 취급되기 시작했습니다. 영국은 주파수 조정, 예비력, 피크 감축을 각각 다른 상품으로 정의했고, 수요 반응 자원이 이 시장에 직접 참여할 수 있도록 문을 열었습니다. 이로 인해 수요관리의 가치는 절약된 전력량과 함께 언제 반응했는가에 따라 좌우됩니다.

전력 시장의 변화는 사업 모델을 바꿉니다. 과거 에너지 효율 사업은 설비 교체 중심이었습니다. 단열재를 팔고, 고효율 모터를 설치하고, 조명을 교체하는 방식이었습니다. 이제는 소프트웨어와 운영이 핵심입니다. 가정과 건물, 공장의 부하를 실시간으로 모니터링하고, 가격 신호나 계통 요청에 맞춰 자동으로 조정하는 플랫폼 사업자들이 등장했습니다. 유럽의 일부 에너지 서비스 기업ESCO은 고객의 에너지 소비를 줄이는 대가로 고정 수수료를 받는 것이 아니라, 시장 참여를 통해 발생한 수익을 공유하는 모델로 이동하고 있습니다. 효율 개선이 비용 절감에서 수익 창출로 성격을 바꾸고 있습니다.

이 변화는 전기화와 함께 빨라집니다. 전기차 충전은 대표적인 유연 수요입니다. 유럽연합은 2030년까지 등록 전기차 대수가 약 3,000만 대에 이를 것으로 보고 있으며, 이는 수십 GW 규모의 이동 가능한 부하를 의미합니다. 이 부하를 무작위로 충전하면 전력망에 부담이 되지만, 가격 신호와 제어를 결합하면 거대한 조정가능한 자원이 됩니다. 실제로 영국과 네덜란드에서는 전기차 충전을 자동으로 늦추거나 앞당기는 프로그램을 통해 가정당 연간 100~200유로 수준의 비용 절감 효과를 확인했습니다.

산업 부문에서도 수요관리는 효과를 발휘합니다. 전력 시장에 상황에 따라 모든 공정을 멈출 수는 없지만, 일부 공정은 시간 이동이 가능합니다. 냉동·냉장, 분쇄·혼합, 일부 화학 반응 전 단계는 수 시간 단위의 조정이 가능합니다. 유럽의 알루미늄, 화학 산업은 이미 전력 가격이 급등하는 시간대에 부하를 낮추고, 가격이 낮을 때 생산을 늘리는 방식으로 대응해왔습니다. 이 과정에서 기업은 에너지 비용을 낮추고, 계통은 피크 부하를 줄일 수 있습니다.

효율 개선과 수요관리가 전력망 투자와 연결되는 지점도 중요합니다. IEA는 효율 개선과 수요관리를 통해 2030년까지 신규 전력망 투자 수요의 10~15%를 대체할 수 있다고 분석합니다. 이는 발전소 한두 기의 문제가 아니라, 수백 km의 송전선 증설을 늦추거나 피할 수 있다는 뜻입니다. 주민 수용성과 인허가가 병목이 되는 곳에서는 이 효과가 더욱 중요합니다. 실제로 독일과 영국의 계통 운영자는 수요 반응을 '가장 빠르게 동원 가능한 자원'으로 분류하고, 정전 위험이 높은 상황에서 우선적으로 활용하고 있습니다.

투자 관점에서 효율 개선과 수요관리는 몇 가지 특징을 가집니다. 첫째, 기술 리스크가 상대적으로 낮습니다. 단열, 모터, 제어 기술은 이미 검증된 영역입니다. 둘째, 제도 리스크는 존재하지만 방향성은 비교적 명확합니다. 계통 부담이 커질수록, 수요관리에 대한 보상은 강화되는 경향을 보입니다. 셋째, 현금흐름의 성격이 다릅니다. 효율 개선은 비용 절감형, 수요관리는 시장 수익형입니다. 이 둘을 결합하여 안정성과 수익성을 모두 추구할 수도 있습니다.

한계는 있습니다. 수요관리도 모든 전력 수요 피크를 없애지는 못합니다. 혹한이나 혹서처럼 불가피하게 에너지가 필요한 상황에서는 수요가 고정됩니다. 또한 소비자의 참여 없이는 확장 속도가 제한됩니다. 그래서 유럽의 정책은 자발성에만 의존하지 않고, 자동화와 기본 참여를 강화하는 방향으로 움직이고 있습니다. 사용자가 매번 판단하지 않아도, 시스템이 알아서 반응하도록 만드는 것입니다.

에너지 전환에서 효율 개선과 수요관리는 단순한 보조 수단이 아닙니다. 이는 전기화와 재생 에너지 확대가 만들어낸 변동성을 가장 싸고 빠르게 흡수하는 방법입니다. 이미 존재하는 수요를 어떻게 다룰 수 있을지, 어떤 규칙을 통해 적절한 보상이 주어지느냐에 따라 의

미있는 시장이 될 수 있습니다. 뉴스를 장식하는 화려한 산업은 아니
지만 전력망과 발전 투자의 속도를 결정하는 조절 밸브라는 점에서,
효율 개선과 수요관리는 꼭 필요한 분야입니다.

● 산업공정의 개선

산업공정 개선은 에너지 전환 논의의 가장 깊은 층위에 해당합니
다. 발전과 수송을 전기화해도, 산업공정이 그대로라면 탄소중립은 달
성될 수 없습니다. IEA에 따르면 전 세계 최종 에너지 소비의 약 37%
가 산업 부문에서 발생하고, 이 과정에서 전 세계 이산화탄소 배출의
약 30%가 나옵니다. 즉 산업공정은 에너지 시스템에서 가장 크고 무
거운 수요처입니다. 전기화가 에너지 전환의 중심 전략이라면, 산업공
정의 전기화는 그 전략의 성패를 좌우하는 시험대에 가깝습니다.

산업공정 전기화의 핵심은 '에너지원만 바꾸는 것'이 아니라, 공정
자체를 다시 설계하는 것입니다. 기존 산업은 화석연료가 값싸고 쉽
게 쓸 수 있다는 전제를 바탕으로 발전해왔습니다. 고온의 열을 쉽게
만들 수 있고, 연소 과정이 공정에 자연스럽게 결합되었기 때문입니
다. 반면 전기는 깨끗하고 제어가 정밀하지만, 고온을 만들수록 비용
과 설비 부담이 커집니다. 이 때문에 산업 전기화는 기존 공정을 그대
로 두고 연료만 바꾸는 방식으로는 한계가 있습니다.

대표적인 예가 철강 산업입니다. 전통적인 고로 방식은 석탄을 연

료이자 환원제로 사용합니다. 이 방식을 고수하는 한 전기화는 사실상 불가능합니다. 전기로EAF 중심의 공정 전환이 필요입니다. 전기로는 이미 전 세계 조강 생산의 약 28%를 차지하고 있으며, 중국은 이 비중을 2030년까지 40% 이상으로 끌어올리는 목표를 세웠습니다. 전기로는 고철을 주원료로 사용하고, 전기로 가열하기 때문에 사용 전력의 탄소 집약도가 낮아질수록 전체 배출도 줄어듭니다. 이는 에너지 전환과 산업공정 전환이 동시에 맞물리는 대표적인 사례입니다.

화학 산업에서도 유사한 변화가 나타납니다. 화학 공정의 상당 부분은 열과 압력을 만들기 위한 연소 과정에 의존해왔습니다. 그러나 최근에는 전기 보일러, 전기 분해, 전기 가열 반응기 같은 기술이 상용화 단계에 들어서고 있습니다.

예를 들어 암모니아와 메탄올 생산에서 전기 가열과 전기 기반 공정 단계를 도입하면, 공정 제어가 정밀해지고 에너지 효율이 개선됩니다. 중국의 일부 화학단지에서는 200℃ 이하 중저온 공정을 전기 보일러로 전환해 연료 사용량을 20~30% 줄였다는 보고가 있습니다. 이는 단순한 에너지 대체가 아니라, 공정 안정성과 품질 관리까지 동시에 개선한 사례입니다.

시멘트 산업은 전기화가 어려운 분야 중 하나로 꼽히지만, 여기서도 변화는 시작되고 있습니다. 시멘트 공정은 1,400℃ 이상의 고온 열을 필요로 하며, 현재로서는 대부분 화석연료에 의존합니다. 다만 분쇄, 혼합, 예열 같은 공정 전단에서는 전기화가 가능합니다. 중국의 대형 시멘트 기업들은 고효율 전기 모터와 디지털 제어를 통해 생산하는 시멘트 톤당 전력 소비를 지난 10년간 15% 이상 낮췄습니다. 이는 완전한 탈탄소는 아니지만, 에너지 집약도를 낮추는 방향의 공정 개선입니다.

이러한 산업공정의 전기화는 자동화·무인화와 시너지를 냅니다. 전기는 제어가 쉽고 반응 속도가 빠르기 때문에, 센서·로봇·AI 기반 공정 제어와 결합하기에 적합합니다. 중국은 이 점을 산업 정책의 핵심으로 활용하고 있습니다. 중국의 '지능형 제조(智能制造)'와 '산업 인터넷(工业互联网)' 정책은 에너지 효율과 생산성 개선을 동시에 추구합니다. 실제로 중국 공업정보화부 자료에 따르면, 스마트 공장으로 전환한 제조 설비는 에너지 소비를 평균 10~20%, 불량률을 20~30% 줄입니다. 전기화는 자동화의 전제 조건이 되고, 자동화는 전기화의 효과를 증폭시킵니다.

중국의 사례에서 특히 주목할 점은 제도 설계입니다. 중국은 에너지 전환과 산업 전기화를 단순한 환경 정책이 아니라, 산업 경쟁력 정책으로 다루고 있습니다. 중국의 산업용 전기요금은 단일 요금제가 아니라, 시간대별 요금제를 기본 구조로 합니다. 중국에서는 이를 '분시전기'라고 부르는데, 하루 24시간을 전력 수요가 많은 시간과 적은 시간으로 나누어 전기 가격에 의도적으로 큰 차이를 두는 방식입니다. 핵심은 공장 가동 시간을 바꾸도록 가격 신호를 주는 데 있습니다.

이 제도는 보통 네 개의 시간대로 구성됩니다.

첫째는 피크 시간대로, 낮이나 저녁처럼 전력 수요가 가장 높은 구간입니다. 이 시간대의 전기요금이 기준이 됩니다.

둘째는 평시 시간대로, 수요가 평균적인 시간입니다.

셋째는 저곡 시간대로, 주로 야간에 해당하며 전력 수요가 크게 줄어드는 구간입니다.

넷째는 일부 지역에서 추가로 설정하는 심곡 시간대로, 심야 중에서도 수요가 가장 낮은 몇 시간을 따로 떼어 가장 낮은 요금을 적용합니다.

2026년 2월 기준으로 저장성과 장쑤성을 포함한 동부 연안 산업 지역에서는, 이 저곡·심곡 시간대의 전기요금이 피크 시간 대비 대략 45~75% 수준, 심곡의 경우에는 20~30% 수준까지 내려가는 구조가 제도적으로 허용되거나 권장되고 있습니다. 즉 같은 전기를 쓰더라도 언제 쓰느냐에 따라 단가가 2~4배까지 달라질 수 있는 구조입니다.

또 하나 중요한 점은 적용 대상입니다. 이러한 시간대별 요금 격차는 주로 대형 산업용 수요자, 즉 변압기 용량이 일정 기준(예: 300kVA 이상)을 넘는 공장과 산업단지 입주 기업을 중심으로 적용됩니다. 소규모 상업용이 아니라, 공정 운영 시간을 조정할 수 있는 제조업을 명확히 겨냥한 설계입니다.

이런 요금 구조는 전기보일러, 전기가열로, 전기분해 공정처럼 전기를 직접 공정에 투입하는 산업의 변화를 유도합니다. 야간이나 심야 시간대에 에너지 집약적인 공정을 집중 배치하면, 동일한 설비를 사용하더라도 평균 전력 단가를 크게 낮출 수 있기 때문입니다. 그 결과, 공정을 전기화할수록 에너지 비용은 더 이상 '연료비처럼 고정된 비용'이 아니라, 가동 시간·부하 조절·요금 구간 선택에 따라 관리 가능한 운영 변수로 바뀝니다. 이는 단순히 석탄이나 가스를 전기로 바꾸는 문제를 넘어, 에너지 비용 관리 능력 자체가 산업 경쟁력이 되는 변화를 의미합니다.

중국의 사례는 에너지 전환이 산업 구조 재편과 분리될 수 없다는 점을 보여줍니다. 산업공정의 전기화는 단기적으로는 설비 투자와 공정 변경이라는 부담을 동반하지만, 장기적으로는 에너지 비용의 변동성을 낮추고 자동화·디지털화와 결합해 경쟁력을 강화하는 경로를 엽니다. 이는 에너지 정책이 산업 정책과 결합될 때 큰 효과를 낼 수 있음을 보여줍니다.

앞서 살펴본 변화가 개별 산업과 공정 차원에서 나타난 모습이라면, 이제는 이 흐름이 산업 전반의 구조와 투자 논리를 어떻게 바꾸는지를 볼 필요가 있습니다. 산업공정 전기화는 단일 기술의 채택이 아니라, 설비·공정·운영·인력·금융이 동시에 움직이는 장기 전환 과정입니다. 이 때문에 이 분야의 전기화는 느리지만 일단 시작되면 되돌리기 어려운 경로 의존성을 만들어냅니다.

우선 산업공정 전기화는 설비 수명 교체 주기와 맞물립니다. 철강, 화학, 시멘트, 정유 설비의 평균 수명은 30~40년 이상입니다. 즉 오늘 내린 설비 투자 의사 결정은 2050년까지의 해당 공정의 온실 가스 배출량을 사실상 결정합니다. 이 때문에 각국 정부는 신규 설비와 대규모 개보수 시점에 전기화 유인책을 집중시키고 있습니다. 중국은 2021년 이후 에너지 다소비 산업의 신규 설비 허가 과정에서 전력 기반 공정 도입 여부를 핵심 평가 항목으로 포함시켰고, 일부 지역에서는 전기화 수준이 낮은 설비의 증설을 사실상 제한하고 있습니다.

전력 요금 체계 역시 산업공정 전기화의 중요한 촉매입니다. 중국과 유럽 일부 국가는 산업용 전력 요금을 시간대별로 크게 차등화하고 있습니다. 예를 들어 중국 저장성, 장쑤성의 산업단지에서는 심야 전력 요금이나 태양광 전기가 풍부한 낮 시간 전기 요금을 피크 시간 대비 40~80% 낮게 책정됩니다.

이 구조에서는 전기 보일러, 전기 가열로, 전기 분해 공정을 가진 기업이 자연스럽게 경쟁력을 갖습니다. 공정을 전기화할수록 에너지 비용을 '고정비'가 아니라 '운영 전략 변수'로 바꿀 수 있기 때문입니다. 이는 단순한 연료 전환을 넘어, 에너지 비용 관리 능력 자체가 산업 경쟁력이 되는 전환입니다.

자동화와 무인화는 이 변화의 속도를 한 단계 더 끌어올립니다. 전기 기반 설비는 센서와 제어 장치가 기본적으로 결합되어 있고, 공정 데이터의 실시간 수집이 용이합니다. 중국의 대형 철강·화학 기업들은 전기화와 함께 공정 디지털 트윈을 도입해, 에너지 투입과 품질을 동시에 최적화하고 있습니다. 일부 스마트 공정에서는 단위 생산량당 에너지 소비 편차가 기존 대비 30% 이상 줄어들었습니다. 이는 에너지 비용 절감뿐 아니라, 제품 품질의 균일성과 설비 가동률을 높이는 효과로 이어집니다.

산업공정 전기화는 노동 구조 변화와도 연결됩니다. 고온·고위험 공정이 전기화되고 자동화될수록, 현장 노동은 줄고 제어·운영 인력이 늘어납니다. 중국은 이를 인구 구조 변화에 대한 대응 전략으로도 활용하고 있습니다. 노동 집약적 산업에서 에너지 집약적·자본 집약적 구조로 이동하는 과정에서, 전기화는 핵심 매개 역할을 합니다. 이는 전기화가 환경 정책이 아니라 산업 구조 전환 정책으로 다뤄지는 이유이기도 합니다.

투자 관점에서 보면, 산업공정 전기화는 몇 가지 중요한 시사점을 가집니다.

첫째, 투자 기간과 호흡이 매우 길다는 점입니다. 전기화 설비는 초기 투자비가 크고 회수 기간이 길지만, 일단 전환이 이루어지면 되돌리기 어렵습니다. 이는 한 번 시장을 확보한 기술과 공급망이 오랫동안 유지될 가능성이 크다는 뜻입니다.

둘째, 전기화의 수혜는 완제품 생산 기업보다 설비·부품·제어 시스템 기업에 먼저 나타나는 경우가 많습니다. 전기 가열 장치, 고효율 모터, 전력전자, 산업용 소프트웨어는 산업공정 전기화의 필수 요소입니다.

셋째, 산업공정 전기화는 국가별로 속도와 경로가 다르게 전개됩니다. 중국처럼 중앙정부 주도의 산업 정책이 강한 국가에서는 빠른 확산이 가능하지만, 유럽이나 한국처럼 사회적 합의와 규제가 복잡한 지역에서는 점진적 접근이 일반적입니다. 이는 동일한 기술이라도 지역에 따라 투자 성과 차이가 크게 벌어질 수 있음을 의미합니다. 산업공정 전기화 투자는 글로벌 트렌드이면서 동시에 지역 특성을 많이 탑니다.

마지막으로, 산업공정 전기화는 에너지 전환의 '보이지 않는 비용'

을 줄이는 역할을 합니다. 발전 설비를 아무리 늘려도, 산업 수요가 비효율적으로 남아 있다면 전력망과 저장에 과도한 부담이 발생합니다. 반대로 산업이 유연하고 전기 친화적으로 바뀔수록, 동일한 전력 인프라로 더 많은 수요를 감당할 수 있습니다. 이는 국가 전체의 에너지 전환 비용을 낮추는 확실한 방법 중 하나입니다.

산업공정 전기화는 에너지 전환에서 가장 늦게 시작되지만 가장 먼저 준비해야 할 영역이라는 역설적 성격을 가집니다. 기술적으로 어렵고 장비 교체 사이클이 길어서 진입 장벽은 높지만 한번 도입되면 돌이키기 어렵고 오래 유지됩니다. 산업공정 전기화를 착실하게 이행하는 기업에게, 에너지 전환은 비용이 아니라 장기 경쟁력의 원천으로 작용하게 됩니다.

● 최후의 보루, CCUS

CCUS^{Carbon Capture Utilization and Storage}는 에너지 전환 논의에서 항상 논쟁의 중심에 서 있습니다. 어떤 맥락에서는 모든 문제를 해결할 기술처럼 과대평가되고, 다른 한편에서는 화석연료 연명을 위한 구실로 폄하되기도 합니다. 그러나 CCUS의 위치는 보다 분명하게 정리할 필요가 있습니다. CCUS는 에너지 전환의 주력 수단이 아니라, 전기화가 구조적으로 불가능하거나 비효율적인 영역에서 선택적으로 사용해야 하는 '최후의 보루'에 가깝습니다.

에너지 전환의 기본 방향은 전기화입니다. 전기는 효율이 높고, 재생 에너지와 직접 연결될 수 있으며, 기술 학습 곡선을 통해 비용이 지속적으로 낮아집니다. 가능한 영역에서는 전기화가 항상 우선입니다. 문제는 모든 산업공정과 에너지 수요가 전기로 대체될 수는 없다는 점입니다. 특히 일부 중화학 공정에서는 화석연료가 단순한 에너지원이 아니라 공정의 일부이자 화학적 재료로 사용됩니다. 이 경우 전기화만으로는 온실 가스 배출을 제거할 수 없습니다.

대표적인 사례가 시멘트 산업입니다. 시멘트 생산 과정에서 발생하는 이산화탄소의 약 60~65%는 석회석($CaCO_3$)을 분해하는 화학 반응 자체에서 발생합니다. 연료를 전기로 바꾸더라도 이 배출은 남습니다. 철강, 석회, 일부 화학 공정 역시 유사한 구조를 갖습니다. 이 영역에서 전기화를 억지로 밀어붙이는 것은 기술적 난이도와 비용을 동시에 높일 수 있습니다. 이 때문에 IEA는 2050년 탄소중립 시나리오에서 산업 부문 감축의 약 15% 이상을 CCUS에 의존할 수밖에 없다고 분석합니다.

이처럼 CCUS는 '화석연료를 계속 쓰기 위한 기술'이라기보다, 전기화가 닿지 않는 잔여 배출을 처리하기 위한 기술로 이해하는 편이 정확합니다. 기존 공정을 유지하면서 배출을 줄일 수 있다는 점에서, 일부 산업에서는 전면적인 공정 전환보다 CCUS 결합이 더 합리적인 선택이 됩니다. 이는 기술적 타협이 아니라, 전환 비용과 속도를 고려한 현실적인 판단입니다.

그러나 CCUS가 현실적인 선택지라는 점이 곧 쉽거나 저렴하다는 뜻은 아닙니다. 가장 먼저 부딪히는 제약은 포집 단계의 기술적·에너지 부담입니다. 현재 상용 설비에서 안정적으로 달성할 수 있는 CO_2 포집률은 최대 85~90% 수준입니다. 이론적으로 95% 이상도 가능하지만, 포집률을 1%포인트 높일수록 추가적인 에너지 소비와 설비 비용은 급격히 증가합니다. 석탄·가스 발전소 기준으로 CO_2 포집 비용은 톤당 50~100달러, 시멘트·화학 공정에서는 톤당 80~150달러 수준으로 추정됩니다.

포집 이후의 문제는 더 구조적입니다. CCUS는 개별 설비가 아니라 포집 – 운송 – 저장이라는 연속된 인프라 체계를 전제로 합니다. 포집된 CO_2는 고압으로 압축된 뒤 파이프라인이나 선박을 통해 이동하고, 지하 1~3km 깊이의 염수층이나 고갈된 유전·가스전에 주입됩니다. 이 과정에는 압축 설비, 운송망, 주입 설비, 장기 모니터링 시스템이 모두 필요합니다. 단일 공장이 감당하기 어려운 규모의 투자가 요구되는 이유입니다.

노르웨이의 노던라이트Northern Lights 프로젝트는 투자 규모의 이슈를 잘 보여줍니다. 이 프로젝트는 시멘트와 화학 공장에서 포집한 CO_2를 선박으로 수송해 북해 해저에 저장하는 프로젝트인데, 1단계 투자 규모만 해도 약 30억 달러에 이릅니다. 이는 CCUS가 개별 기업의 대안이 아닌, 국가 차원의 인프라 사업에 가깝다는 점을 보여줍니다.

저장 부지를 찾기도 쉽지 않습니다. 지질학적으로 안전하고 장기간 안정성이 검증된 저장소는 전 세계적으로 한정되어 있습니다. 배출원이 내륙에 위치한 경우, 수백 킬로미터 이상의 운송이 필요해 비용이 급증합니다. 이 때문에 CCUS는 특정 지역에서는 현실적인 선택이 될 수 있지만, 모든 국가와 산업에 보편적으로 적용되기는 어렵습니다.

포집한 CO_2를 활용하는 CCU는 종종 매력적인 대안처럼 언급되지만, 현재로서는 보조적 역할에 머물러 있습니다. CO_2를 합성연료, 화학 원료, 건축 자재로 전환하는 기술은 존재하지만, 전 세계 CO_2 배출량 대비 흡수 가능한 규모는 1% 미만에 불과합니다. 또한 대부분의 활용 공정은 추가적인 에너지 투입이 필요해 비용 경쟁력이 제한적입니다. 장기적으로는 의미 있는 기술이 될 수 있지만, 단기적인 감축 수단으로 기대하기에는 무리가 있습니다.

CCUS는 에너지 전환의 중심 기술이 아닙니다. 전기화가 가능한 영역을 대신하는 기술도 아닙니다. CCUS의 역할은 분명합니다. 전기화로 해결할 수 없는 잔여 배출을 처리하고, 화석연료를 쓸 수밖에 없는 공정이 탈탄소 규제로 인해 과도한 타격을 받지 않도록 완충하는 역할입니다.

이 역할을 넘어 과도한 기대를 부여하면 실망으로 이어지고, 반대로 이 역할마저 부정하면 에너지 전환의 현실성이 약해집니다. CCUS는 필요한 수단이지만 전기화 이후에 남는 문제를 다루는 마지막 단계에서만, 제한적으로 사용될 때 가장 의미를 갖습니다.

핵심 정리

- 효율 개선은 수요를 '없애는' 정책이 아니라 수요 증가 속도를 '관리 가능한 범위'로 낮추는 전략입니다. 인구·소득·전기화로 서비스 총량은 늘고, 효율은 그 증가가 전력망·발전 투자로 곧장 번지지 않게 완충합니다.

- 전기화 이후의 핵심 변수는 연간 총사용량보다 '동시에 얼마나 쓰는가'입니다. 스마트 계량기와 EMS가 깔리면서 효율은 설비 교체 중심에서 운영·제어 중심으로 이동합니다.

- 수요관리는 시장화와 결합될 때 비로소 자산이 됩니다. 시간대 가격 신호가 분명해질수록 수요 이동이 가능해지고, 수요가 발전기처럼 시장 참여자가 됩니다.

- 산업공정 전환은 '연료 변경'이 아니라 '공정 재설계'이며, 전기화·자동화가 함께 움직입니다. 남는 잔여 배출은 CCUS가 받지만, 포집–운송–저장 인프라와 CO_2 매립지 제약이 병목이 됩니다.

＞＞＞＞＞＞＞＞　에너지 투자 인사이트　＞＞＞＞＞＞＞＞

'피크·변동성·병목'을 줄이는 서비스에 대한 수요에 주목해야 합니다. 효율·수요유연성은 전력망 증설을 지연시키는 '가상 인프라'로 작동하며, 정책 지속성이 강한 편입니다.

핵심 리스크는 기술보다 제도입니다. 수요반응의 보상 규칙, 정산 주기, 참여 자격, 데이터 접근권(계량·제어)이 바뀌면 현금흐름이 즉시 흔들립니다. 계약 구조를 먼저 봐야 합니다.

산업 전기화는 설비 교체 사이클을 타는 장기 투자이며, 공급망과 운영 소프트웨어가 먼저 이익을 봅니다. 완제품 기업보다 공정 장비·전력전자·제어/운영 플랫폼에서 '반복 수요'가 발생합니다.

CCUS는 선택적으로만 커질 '인프라형 프로젝트'입니다. 저장지 접근성, 파이프라인/허브 유무, 장기 책임(모니터링·누출) 규정이 성패를 가르며, 규모 확대 속도는 전기화보다 느릴 가능성이 큽니다.

에너지 전환, 어디까지 왔고 어디로 가는가

2050 탄소중립 목표 이행 전략

● **에너지 시스템을 재구성하는 로드맵**

IEA는 2050년 탄소중립을 단일 기술이나 단일 정책 패키지로 달성할 수 없다고 전제합니다. 대신 에너지 시스템 전체를 단계적으로 재구성하는 접근을 제시합니다. 이 로드맵에서 중요한 요소는 '무엇을 하느냐'보다 '무엇을 먼저 하느냐'입니다. 실행 순서가 바뀌면 비용은 증가하고, 이행 가능성은 낮아집니다.

IEA의 시나리오를 관통하는 기본 논리는 명확합니다. 먼저 전력을 무탄소화하고, 그 전력을 안정적으로 전달할 수 있는 인프라를 구축한 뒤, 열·산업·연료 영역으로 전환을 확장해야 합니다. 동시에 에너지 효율 개선과 산업 공정 전환을 병행해 에너지 시스템 전체의 부담을 줄여야 합니다. 이 순서가 지켜지지 않으면 탈탄소는 기술적으로 가능하더라도 경제적으로 지속되기 어렵습니다.

먼저 필요한 것은 풍부한 무탄소 전력입니다

IEA 로드맵에서 가장 앞에 놓인 과제는 무탄소 전원의 대규모 확충입니다. 이는 에너지 전환의 출발점입니다. 전기가 여전히 석탄과 천연 가스로 생산되는 상태에서 전기차, 히트펌프, 전기 산업 공정을 확대하더라도 배출은 충분히 줄어들지 않습니다. 탄소중립은 전기를 더 많이 사용하는 사회를 전제로 하므로, 전력의 탈탄소화가 우선되어야 합니다.

IEA의 2050년 넷제로 시나리오에 따르면 2050년 전 세계 전력 생산량은 2023년 대비 약 2.5배 증가합니다. 최종 에너지 소비에서 전기가 차지하는 비중은 현재 약 21%에서 2050년 약 50% 수준으로 확대됩니다. 이 증가분의 대부분은 재생 에너지와 원자력 같은 무탄소 전원으로 충당되어야 합니다. 2050년 기준 전력 생산의 약 90% 이상이 무탄소 전원으로 구성되어야 한다는 것이 IEA의 기본 전제입니다.

이 단계에서 핵심은 기술 그 자체보다 보급 속도와 규모입니다. 2030년까지 전 세계 재생 에너지 설비 용량은 현재의 약 3배 수준으로 확대되어야 하며, 연간 신규 설치량은 1,000GW에 근접해야 합니다. 이는 기술적 한계의 문제가 아니라 자본 조달, 인허가, 공급망 구축의 문제입니다. 따라서 IEA는 발전 기술의 성능보다 이를 빠르게 확산시킬 수 있는 제도와 금융 구조를 더 중요한 변수로 평가합니다.

전력망과 그리드 정비가 동시에 진행되어야 합니다

무탄소 전원이 빠르게 늘어나면 즉시 병목이 발생하는 지점이 전력망입니다. IEA는 전력망 투자가 발전 투자보다 뒤처질 경우 에너지 전환 경로 전체가 흔들릴 수 있다고 반복해서 경고합니다. 발전 설비가 늘어나더라도 전력을 전달할 수 없다면 출력 제한과 계통 불안이 동시에 발생합니다.

2050년까지 필요한 전력망 투자는 연간 약 6,000억 달러 수준으로 추정됩니다. 이는 2010년대 평균 투자 규모의 약 2배에 해당합니다. 이 투자 대부분은 송전망 증설, 배전망 강화, 전력망 디지털화에 투입됩니다. 재생 에너지 비중이 40%를 넘어서는 국가에서는 계통 조정과 유연성 확보 비용이 급격히 증가한다는 점이 이미 여러 국가에서 확인되었습니다.

IEA가 전력망을 두 번째 단계로 명시하는 이유는 분명합니다. 전력망은 에너지 전환의 가속기이자 동시에 제약 조건이기 때문입니다. 전력망이 준비되지 않으면 발전 확대는 멈추고, 전기화는 지연되며, 저장과 백업 설비에 대한 부담은 크게 증가합니다. 이런 이유로 IEA는 발전과 전력망을 분리된 과제가 아니라 사실상 하나의 패키지로 다룹니다.

열 에너지 전환과 섹터 커플링은 전력이 준비된 이후의 확장 단

계입니다

세 번째 단계는 전기를 다른 에너지 영역으로 확장하는 과정입니다. 여기에는 건물 난방, 산업 열, 일부 연료 대체가 포함됩니다. IEA는 이 단계를 앞당기기보다는 전력의 탄소 집약도가 충분히 낮아진 이후에 본격적으로 추진해야 한다고 봅니다.

전 세계 최종 에너지 소비의 절반 이상은 열 수요입니다. 이 가운데 약 절반은 200℃ 이하의 중저온 열로, 기술적으로 전기화가 가능합니다. 히트펌프와 전기 보일러는 이 영역에서 효율적인 수단입니다. 다만 이러한 전환은 전력망 여유와 계통 안정성을 전제로 합니다.

섹터 커플링은 확장 비용을 낮추는 방법입니다. 전력, 열, 수송 분야(섹터)를 분리하지 않고 하나의 시스템으로 연계해(커플링) 변동성을 흡수하자는 아이디어입니다. 잉여 전력으로 열을 생산하고 저장하며, 수요를 시간적으로 이동시키는 구조입니다. 섹터 커플링이 잘 작동할수록 대규모 저장 설비와 백업 전원의 부담은 줄어듭니다.

수소는 주력이 아니라 보완 수단입니다

IEA 로드맵에서 수소의 위치는 분명하게 규정되어 있습니다. 수소는 전기화가 불가능하거나 전기화가 비효율적인 영역을 보완하는 수단입니다. 대표적으로 고온 산업 공정, 장거리 수송, 장주기 에너지 저장이 이에 해당합니다. IEA는 2050년 기준 최종 에너지 소비에서 수소 비중을 약 10% 내외로 제시합니다.

이처럼 제한적인 역할이 설정된 이유는 효율과 비용 때문입니다.

전기를 수소로 전환한 뒤 다시 전기나 열로 사용하는 경로의 효율은 약 30% 수준에 머뭅니다. 또한 수소는 기존 에너지 인프라를 그대로 활용할 수 없으며, 별도의 대규모 공급망 투자가 필요합니다. 따라서 수소를 전력이나 가스의 광범위한 대체재로 사용하는 전략은 비용과 속도 측면에서 불리합니다.

IEA는 수소를 전환의 지름길이 아니라, 전환 과정에서 전기화가 막히는 구간을 통과하기 위한 우회로로 규정합니다. 이 역할을 과대평가할 경우 과도한 기대와 투자 왜곡이 발생할 수 있습니다.

효율 개선과 산업공정 전환은 전체 전환을 조정하는 장치입니다

마지막으로, 그러나 모든 단계에 걸쳐 병행되어야 하는 요소가 에너지 효율 개선과 산업공정 전환입니다. 이는 독립적인 단계라기보다 앞선 모든 전략의 비용과 속도를 결정하는 조정 변수에 해당합니다.

IEA에 따르면, 에너지 효율 개선만으로도 2050년까지 필요한 누적 감축량의 약 30%를 달성할 수 있습니다. 효율 개선은 에너지를 덜 쓰자는 도덕적 요구가 아니라, 동일한 서비스를 더 적은 에너지로 제공해 전환에 필요한 설비 규모를 줄이는 수단입니다. 건물 단열, 고효율 모터, 공정 최적화는 비용 대비 효과가 가장 높은 감축 수단에 속합니다.

산업공정 전환은 효율을 넘어 에너지 소비 구조 자체를 바꾸는 시도입니다. 전기로, 전기 가열, 자동화는 배출을 줄이는 동시에 생산성을 개선합니다. 산업공정 전환이 지연될수록 완전한 에너지 전환과 탈탄소 목표 달성에 필요한 발전 설비와 전력망, 수소 인프라는 기하급수적으로 증가합니다.

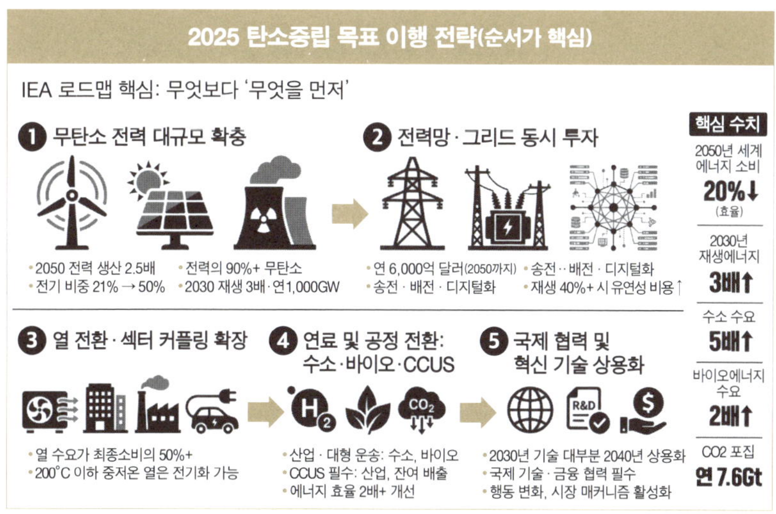

　　IEA는 2050년 넷제로 달성을 위해 연간 에너지 전환 투자가 전 세계 GDP의 약 2.5~3% 수준으로 유지되어야 한다고 추정합니다. 이러한 투자는 향후 20~30년간 지속되어야 하며, 특히 초기 10년간의 투자 속도가 전체 전환 경로를 결정합니다. 초기 투자가 지연될수록 이후 필요한 총비용은 더 커집니다.

　　IEA 로드맵의 핵심 메시지는 분명합니다. 에너지 전환은 순서가 중요합니다. 전력을 먼저 깨끗한 방법으로 대량 생산하고, 그 전력을 안정적으로 소비자에게 공급할 수 있도록 한 뒤, 다른 부문으로 확장해야 합니다. 이 순서를 지킬 때에만 탈탄소는 비용을 통제하며 현실적인 경로로 진행될 수 있습니다.

주요국들의 에너지 전환 전략은 어떻게 다를까?

● 같은 목표, 다른 순서: 미국·중국·유럽의 전략 비교

IEA가 제시한 에너지 전환 로드맵은 2050년 탄소중립을 달성하기 위한 순차적 전략을 강조합니다. 핵심은 무탄소 전원을 충분히 확보한 뒤 전력망을 정비하고, 그 기반 위에서 열·산업·연료 전환을 진행하며, 전체 시스템의 부담을 효율 개선과 공정 전환으로 낮추는 순서입니다. 2025년 현재 미국, 중국, 유럽은 모두 이 기본 틀을 공유하되 각자의 상황에 맞춰 전략의 무게 중심을 달리 두고 있습니다.

미국: 무탄소 전원 확대는 빠르지만 전력망 병목이 존재합니다

미국에서는 트럼프 2기 행정부의 정책 변화에도 불구하고 재생 에너지 중심의 무탄소 전원 확대가 빠르게 진행되고 있습니다. 미국에서 2025년 한 해 동안 전력 계통에 신규 접속된 발전기중 99%가 재생 에너지 설비입니다. 이와 병행해 대규모 배터리 저장 설비 구축도 빠르게 진행되고 있습니다. 2025년 말 기준 미국의 배터리 ESS 용량은 약 39GW로 확대되어 변동성 재생 에너지의 간헐성을 완화하고 계통 유연성을 강화하는 데 기여하고 있습니다.

미국의 탈탄소 정책에는 세제 인센티브가 중요한 역할을 합니다. 장기 세액공제 제도는 태양광, 풍력, 배터리, 청정수소 등 청정에너지 설비에 대한 민간 자본 유입을 촉진합니다. 이러한 구조는 재생전원과 저장장치 확대를 자극하고 있습니다.

반면 전력망의 정비 속도는 설비 투자 속도를 따라가지 못하고 있습니다. 현재 미국에서는 계통 연계 대기열에 약 2,290GW 규모의 발전 및 ESS 프로젝트가 쌓여 있습니다.

이처럼 많은 프로젝트가 연결 허가를 기다리는 상황은 전력망 확충이 발전원 전환을 지연시키는 병목임을 보여줍니다. 전력망 인프라의 설계, 인허가, 지역 규제 등이 복합적으로 작동하며 계통 투자를 지연시키고 있습니다.

열 전환과 수소 산업은 상대적으로 후순위에 머물고 있습니다. 히트펌프 보급과 산업용 전기화는 부분적으로 확대되고 있지만, 아직 전국적 차원에서 규모를 갖추지는 못했습니다. 수소는 생산 기반이 확대되고 있으나, 실제 산업 수요와 공급망 구축은 미국 내에서 고르게 진행되고 있지 않습니다.

중국: 전원과 그리드 동시 확장을 통해 전환을 앞당깁니다

중국은 2025년 말 기준 전력망과 무탄소 전원을 동시에 확대하며 에너지 전환을 빠르게 추진하고 있습니다. 공식 통계에 따르면 중국의 전체 발전설비 용량은 약 3,890GW에 이르렀으며, 이 가운데 태양광 발전 용량이 약 1,200GW, 풍력 발전 용량이 약 640GW로 집계되었습니다. 태양광과 풍력을 합친 발전 용량은 중국 전체 발전설비 용량의 절반에 육박하며, 재생 에너지가 전력 믹스에서 차지하는 비중은 지속적으로 확대되고 있습니다.

이 같은 확장은 전원과 전력망을 분리하지 않고 동시 추진한 결과입니다. 중국은 초고압 직류 전송망 구축을 통해 서부 지역의 재생 에너지를 동부 산업지대로 대량 수송하고 있으며, 이는 전력망이 전원 확대의 물리적 기반 역할을 하고 있음을 보여줍니다. 그 결과 재생전원 확대가 계통 불안으로 이어질 위험을 크게 낮추고 있습니다.

중국의 전환 전략에서는 산업공정 전기화와 열 전환도 중요합니다. 전기차, 전기 보일러, 전기 가열 공정 등 전기 기반 설비가 확대되고, 연계된 제조업과 산업단지의 전기 수요가 빠르게 증가하고 있습니다.

동시에 수소는 주요 산업 공정과 연료 전환에서 보완적 역할로 자리 잡고 있습니다. 중국은 재생 에너지 기반 수소 생산을 산업 클러스터와 연계해 확대하고 있으나, 수소가 전력화나 저장 설비처럼 전환의 중심이 되는 단계에는 아직 이르지 못했습니다.

중국의 역동적인 재생전원 확대는 전력 소비 증가와 맞물려 있습니다. 2025년 중국의 전력 소비는 10조 kWh를 넘어서며 사상 최대치를 기록했습니다. 이는 재생 에너지 확대가 단지 설비 확충에 그치지 않고 실제 전력 수요를 충당하는 핵심 전원으로 자리 잡았음을 보여줍니다.

유럽: 전원 확대 속도는 느리지만 전력 시스템 조정과 열 전환이 앞서갑니다

유럽은 재생 에너지 중심의 전력 시스템 전환에서 다른 접근을 취합니다. 2025년 기준 유럽의 전력 믹스에서 재생전원 비중은 이미 높은 수준입니다. 전원 확대 속도는 미국이나 중국보다 느린 편이지만, 전력 시스템 전체를 조정하는 전략에 무게를 두고 있습니다. 국경 간 전력 연계, HVDC 시스템 확장, 수요 반응 장치, 시장 설계 등이 전력망 유연성을 높이는 핵심 요소로 작동하고 있습니다.

열 전환에서는 유럽이 가장 앞서 있습니다. 건물 난방용 히트펌프 보급이 빠르게 늘고 있으며, 일부 국가에서는 신규 난방 설치의 상당 부분이 히트펌프로 대체되고 있습니다. 산업 부문에서도 전기 기반 열원과 열 저장 장치가 확대되고 있으며, 이는 가스 및 난방 연료 의존도를 낮추는 데 기여합니다.

수소 산업은 유럽에서 다양한 분야로 확장되고 있습니다. 산업용 수소 수요, 수소 허브 구축, 그린 수소 생산 인프라 개발이 병행되고 있습니다. 유럽은 수소를 단일 대체 에너지원으로 보는 것이 아니라, 에너지 전환의 보완적 수단으로 정의하고 체계적으로 준비하고 있습니다. 이 과정에서 제도, 인증, 표준화의 정비가 동시에 진행되고 있습니다.

유럽의 전략은 속도보다 시스템 완성도에 초점을 맞춥니다. 단기적으로는 전원 확대 속도가 다소 느려 보여도, 전체 전력망 안정성과 에너지 가격 안정 측면에서는 장기적으로 강점이 될 수 있습니다. 러시아-우크라이나 전쟁 이후 에너지 안보 문제가 대두하면서 전력 시스템 조정과 수요관리가 더욱 중시되고 있습니다.

미국, 중국, 유럽 모두 전력의 탈탄소화 없이는 다음 단계로 이동할 수 없음은 동일입니다. 다만 무탄소 전원 확충, 전력망 보강, 열 및 산업 전환, 효율 개선과 공정 혁신의 강도와 우선순위에서는 차이가 있습니다.

미국은 무탄소 전원과 시장 인센티브, 중국은 전원과 그리드 동시 확대, 유럽은 시스템 조정과 열 전환에 상대적으로 초점을 두고 있습니다. 결국 발전 경로와 자원 제약에 따른 상황에 맞게 각국은 적합한 전환 경로를 선택한다고 볼 수 있습니다.

인도와 중동을 중심으로 본
글로벌 사우스의 에너지 전환 경로

글로벌 사우스[19]의 에너지 전환은 선진국과 다른 출발점에서 진행됩니다. 가장 큰 차이는 에너지 수요가 구조적으로 증가한다는 점입니다. 인구 증가, 도시화, 산업화가 동시에 진행되는 지역에서 에너지 전환은 온실가스 배출량 감축 이전에 전력과 연료를 충분히 공급하는 문제가 됩니다. 이 조건을 가장 분명하게 보여주는 국가가 인도이며, 또 다른 축이 중동 국가들입니다.

인도는 2025년 기준 세계에서 전력 수요 증가 속도가 매우 빠른 국가 중 하나입니다. 연간 전력 소비 증가율은 6% 안팎을 유지하고 있으며, 향후 20년간 글로벌 전력 수요 증가분의 상당 부분이 인도와 인접한 글로벌 사우스 지역에서 발생할 것으로 예상됩니다. 이런 환경에서 인도의 에너지 전환 전략은 탈탄소 자체보다 전력 접근성 확대와 산업 기반 확충에 초점이 맞춰져 있습니다.

전원 측면에서 인도는 태양광을 중심으로 무탄소 전원을 빠르게 늘리고 있습니다. 2025년 말 기준 태양광 누적 설비 용량은 약 90GW

19　글로벌 사우스Global South는 주로 아시아, 아프리카, 중남미에 위치한 개발도상국과 신흥국을 포괄적으로 지칭하는 용어입니다. 과거에는 제3세계라는 표현이 쓰였으나, 냉전적·위계적 뉘앙스를 줄이기 위해 글로벌 사우스라는 용어가 널리 사용되고 있습니다. 이 지역의 공통된 특징은 인구 증가와 도시화, 산업화가 동시에 진행되며 에너지 수요가 구조적으로 빠르게 증가하고 있다는 점입니다. 에너지 전환 논의에서 글로벌 사우스는 감축보다 공급 확대와 성장의 문제가 우선되는 지역으로 이해됩니다.

수준까지 확대되었고, 풍력은 약 45GW 수준에 이릅니다. 재생 에너지 확대 목표는 2030년 500GW로 제시되어 있지만, 석탄 발전을 대체하기보다는 늘어나는 전력 수요를 충당하는 데 우선순위가 맞춰져 있습니다.

실제로 인도에서 석탄 발전은 여전히 전력 공급의 중추로 남아 있고, 계속 증설되고 있습니다. 단기적으로는 온실 가스 감축보다 도시화와 산업화에 따른 에너지 수요 충당과 에너지 효율 개선에 주력합니다.

부족한 전력망은 인도의 에너지 전환 속도를 늦추는 핵심 문제입니다. 대규모 태양광 단지와 수요 중심지 사이의 거리, 주(州) 간 전력 교환의 제약, 배전망 손실률 문제는 여전히 큽니다. 이 때문에 인도 정부는 발전 설비보다 송전망과 배전 현대화에 대규모 투자 자금을 배치하고 있습니다. 전력망 부족은 글로벌 사우스 전반에서 공통적으로 나타나는 현상입니다.

중동 국가들의 에너지 경로는 다소 다릅니다. 사우디아라비아, 아랍에미리트, 오만 등은 에너지 수요 증가 압박보다는 에너지 수출 구조의 전환이라는 과제를 안고 있습니다. 이들 국가는 전력 접근성이 문제가 아니라, 화석연료 수출 의존도를 어떻게 관리할 것인지가 고민입니다.

중동의 에너지 전환은 재생 에너지 확대와 수소 확대 전략이 결합된 형태로 진행되고 있습니다. 태양광과 풍력은 국내 전력의 탈탄소 수단이면서, 동시에 석유·가스를 국내 발전에 쓰지 않고 수출로 돌리기 위한 장치입니다. 국내 전력 부문에서 재생 에너지 비중을 늘릴수록, 동일한 탄화수소 생산량 중 수출분을 늘려 더 많은 외화를 확보할 수 있기 때문입니다. 수소 역시 자체적인 탈탄소보다는 장기 수출 산업으로 설계되는 경우가 많습니다.

결국 글로벌 사우스의 에너지 전환은 단일한 모델이 아닙니다. 인도처럼 수요 확대를 전제로 한 전력 중심 전환이 있는가 하면, 중동처럼 기존 에너지 자산을 재배치하는 전환도 존재합니다. 공통점은 에너지 전환이 환경 정책이 아니라 성장 전략과 산업 전략의 일부라는 점입니다. 투자 관점에서 글로벌 사우스는 기술 우열보다 규모, 인프라 구축 속도, 정책 지속성이 성과를 좌우하는 시장입니다. 에너지 전환은 이 지역에서 가장 복잡하지만, 동시에 가장 큰 수요가 누적되는 장기 무대입니다.

핵심 정리

- 전환은 '무탄소 전원 → 그리드(송·배전/유연성) → 열·산업·연료로 확장'의 순서가 핵심이며, 순서가 뒤집히면 비용이 커지고 이행 가능성이 떨어집니다.

- 전력은 2050년까지 수요·공급 모두 '2~3배 스케일'로 커지는 시스템이므로, 발전 확대만으로는 부족하고 그리드 투자(증설·디지털화·조정능력)가 동시에 따라붙어야 병목을 피할 수 있습니다.

- 같은 목표라도 국가별 우선순위는 다릅니다: 미국은 전원·저장 확대가 빠르지만 그리드 병목, 중국은 전원과 그리드를 동시 확장, 유럽은 시스템 조정·열 전환이 앞서는 방식이며, 글로벌 사우스(인도·중동)는 성장/산업 전략이 전환의 출발점입니다.

투자자는 기술 우열보다 '순서 리스크'를 봐야 합니다. 전원 확충만 앞서면 출력 제한·접속 대기·가격 왜곡이 커지고, 그리드·유연성(저장/수요관리) 자산이 초과수익의 병목 구간이 됩니다.

지역별로 '돈 되는 구간'이 다릅니다. 미국=계통 연계·송배전·접속/허가 병목 해소, 중국=초고압망·대규모 제조/공급망과 결합된 확장, 유럽=시장 설계·수요반응·열 전환(히트펌프/열 저장)과 연동된 시스템 사업이 상대적으로 유리합니다.

글로벌 사우스는 탈탄소보다 '전력 수요 충족+인프라 구축 속도'가 성과를 좌우합니다. 따라서 발전 단일 종목보다 그리드·배전 현대화·손실 저감·표준화된 대량 설치(태양광/저장) 같은 '확장형 인프라'에 투자가 집중될 가능성이 높습니다.

금융·가격·정치가 만드는
세 갈래 경로

전환을 가로막는 구조적 과제

에너지 전환은 기술 문제가 아닙니다. '무엇을 만들 수 있는지'가 아니라, '어떤 조건에서 얼마나 빨리 만들 수 있는지'가 전환의 속도와 비용을 결정합니다. 세 가지로 요건이 압축됩니다. 낮은 자본비용으로 막대한 선행 투자를 감당해야 한다는 점, 온실가스 배출에 실질적인 비용을 부과해야 한다는 점, 그리고 국제 공조와 정책 일관성을 유지해야 한다는 점입니다. 이 세 조건이 동시에 충족되지 않으면 에너지 전환은 선언에 머물고, 투자자는 불확실성 프리미엄을 요구하면서 관망하게 됩니다.

첫 번째 과제는 금융 조건입니다

에너지 전환은 장기 인프라 투자입니다. 발전 설비, 전력망, 저장, 열 전환 인프라는 대부분 20~60년의 운영 수명을 전제로 합니다. 기술 성능보다 자본비용이 원가와 확산 속도에 더 큰 영향을 줍니다. 같은 설비라도 투자금의 할인율이 2%인지 6%인지에 따라 총비용은 크게 달라집니다.

전환의 초기 단계에서 요구되는 것은 낮은 이자율로 장기간 자금을 조달할 수 있는 환경입니다. 공공 보증, 장기 계약, 규제 안정성은 이자율을 낮추는 핵심 장치입니다. 반대로 금리 변동성이 커지고 정책 신뢰가 흔들리면, 동일한 목표를 달성하는 데 필요한 총투자는 급증합니다. 에너지 전환이 '비싸 보이는' 이유 상당 부분은 기술이 아니라 금융 조건에서 발생합니다.

두 번째 과제는 가격 신호입니다

온실가스 배출에 실효적인 비용을 부과하지 않으면 전환은 구조적으로 느려집니다. 탄소세, 배출권 거래제, 배출 총량 규제는 모두 같은 목적을 가집니다. 배출에 비용을 부여해서 공짜로 두지 말자는 것입니다. 문제는 수준과 일관성입니다. 배출 비용이 낮거나 예외가 많으면, 화석연료를 사용하는 기존 설비는 계속 가동되고 전환을 위한 신규 투자는 지연됩니다. 반대로 예측 가능한 부담 수준이 명확해지면, 기업은 설비 교체와 공정 전환을 앞당깁니다.

여기서 중요한 것은 규제의 신뢰성입니다. 내년, 5년 후, 10년 후의 규칙이 어떻게 바뀔지 가늠할 수 있어야 설비 투자 결정을 내릴 수 있습니다. 잦은 유예와 완화는 단기적으로는 기업의 부담을 덜어주지만, 장기적으로는 전환 비용을 키웁니다.

세 번째 과제는 국제 공조와 정책 일관성입니다

에너지 전환은 국경을 넘는 문제입니다. 연료, 설비, 자본, 기술이 모두 글로벌 시장에서 움직입니다. 주요국의 정책 방향이 엇갈리면 공급망은 분절되고 비용은 상승합니다. 특히 무역과 안보 이슈가 얽힐수록 전환은 정치의 영향을 크게 받습니다. 러시아 - 우크라이나 전쟁은 이를 단적으로 보여주었습니다. 에너지 안보가 최우선 과제로 떠오르면서 일부 국가는 단기 대응에 집중했고, 장기 전환 계획은 조정되었습니다.

미·중 패권 경쟁 역시 전환의 조건을 복잡하게 만듭니다. 기술과 공급망을 둘러싼 경쟁은 자국 중심의 산업 정책을 강화시켰습니다. 이는 특정 국가의 전환 속도를 높일 수는 있지만, 글로벌 수준의 전환 비용을 낮추는 데는 불리하게 작용합니다. 표준과 규칙이 분화될수록 규모의 경제는 약해집니다. 전환이 빨라지기 위해서는 경쟁과 협력이 동시에 필요하지만, 현실에서는 균형을 맞추기 어렵습니다.

정치 주기의 문제도 있습니다. 에너지 전환은 20~30년의 과제이지만, 정치의 시간표는 이보다 짧습니다. 미국의 사례는 이를 분명히 보여줍니다. 행정부 교체에 따라 에너지 전환 정책의 방향이 달라지면, 투자자는 확신을 갖기 어렵습니다. 오바마 - 트럼프 1기 - 바이든 - 트럼프 2기로 이어진 미국 에너지 정책의 혼선은 정책 일관성이 없으면 어떤 문제를 낳는지 보여주었습니다. 제도가 다시 뒤집힐 수 있다는 인식만으로도 자본비용은 올라갑니다. 전환을 빠르게 만들려면, 정권 변화와 무관하게 유지되는 초당적 합의를 기반으로 한 체계적인 입법 작업과 정부 조직 구성이 필요합니다.

이 모든 과제는 하나의 질문으로 수렴됩니다. '전환의 비용을 누가, 언제, 어떻게 부담할 것인가'입니다. 초기에는 공공의 역할이 불가피합니다. 낮은 이자율을 만들고, 규칙을 고정하고, 가격 신호를 설계해야 합니다. 이후에는 민간 자본이 판을 키웁니다. 이 순서가 뒤바뀌어 초기부터 전환 투자에 경제성을 요구하거나, 전환이 가속화된 상태에서 공공 규제나 보조금에 의존하게 되면 전환은 느려지고 비싸집니다.

에너지 전환은 기술로 다 해결되는 문제가 아닙니다. 이미 사용 가능한 기술은 충분합니다. 금융, 가격, 정치가 더 중요합니다. 낮은 자본비용, 명확한 배출 비용, 일관된 국제 규칙이 결합될 때 전환은 가속됩니다. 반대로 이 조건이 흔들리면, 목표는 유지되더라도 경로는 길어집니다. 전환 목표를 현실에서 실현시키는 조건을 잘 짚어야 에너지 투자의 성공 가능성도 높아집니다.

에너지 전환의 향후 전망을 하나의 예측으로 제시하는 것은 현실적이지 않습니다. 에너지 시스템은 기술보다 정책, 금융, 지정학, 사회적 수용성에 더 크게 좌우되기 때문입니다. 이 변수들은 선형적으로 움직이지 않고, 특정 사건을 계기로 급격히 방향을 바꾸곤 합니다. 따라서 에너지 전환을 예측하려면 "어떻게 될 것이다"라는 단일 전망이 아니라, 어떤 조건이 충족되면 어떤 경로로 이동할 수 있는가를 보여주는 시나리오 접근이 더 유용합니다.

시나리오는 미래를 맞히기 위한 도구가 아니라, 정책 선택의 결과를 비교하기 위한 틀입니다. IEA는 세 가지 시나리오를 제시합니다. 현재 정책이 유지될 경우를 가정한 기준 시나리오, 각국이 이미 공표한 감축 목표를 이행하는 시나리오, 그리고 2050년 탄소중립을 달성하기 위해 필요한 조건을 모두 충족한 넷제로 시나리오입니다. 이 세 경로의 차이는 기술이 아니라 투자 규모, 정책 강도, 실행 속도에서 발생합니다.

이런 시나리오 비교는 전환의 불확실성을 드러내는 역할을 합니다. 어떤 경로를 선택하느냐에 따라 필요한 투자, 에너지 가격, 산업 구조가 어떻게 달라지는지를 보여주기 때문입니다. 투자자와 정책 결정자에게는 선택에 따른 비용과 위험의 범위가 중요합니다. 에너지 전환 시나리오는 미래를 단정하는 보고서가 아니라, 불확실한 미래를 관리하기 위한 지도에 가깝습니다.

● 에너지 전환 시나리오

빠른 전환 시나리오: 2025~2035년이 '글로벌 골든 디케이드'

빠른 전환 시나리오는 정책과 금융이 초기에 리스크를 흡수하고,

기업의 투자 파이프라인이 끊기지 않으며, 전력 부문 무탄소화가 예상보다 빨리 진행되는 경로입니다. 전환의 출발점은 늘 같고, 속도를 가르는 변수는 '초기 10년의 투자 밀도'입니다. 2025년 기준 전 세계 에너지 투자 총액은 약 3.3조 달러입니다. 이 가운데 청정 에너지(발전·그리드·저장·효율·저탄소 연료 등)가 약 2.2조 달러이며 수년간 지속적으로 확대되고 있습니다.

이 시나리오에서 2025~2035년의 핵심 과제는 '무탄소 전원 확충과 그리드 투자 동시 추진'입니다. 전원 투자가 먼저이고 그다음이 전력망이라는 순서는 유지되지만, 실제 집행에서는 둘이 분리되지 않습니다. 재생 에너지의 대규모 증설이 시작되면 즉시 병목이 전력망에서 발생하기 때문입니다. 따라서 송전·배전·계통 디지털화 투자가 발전 투자와 함께 늘어납니다.

이 투자 결합이 만들어내는 효과는 두 가지입니다. 첫째, 신규 무탄소 전원에서 발생하는 출력 제한을 줄여 실제 발전량을 확보합니다. 둘째, 변동성 전원의 확대가 전력가격 급등과 정전을 유발하는 위험을 낮춥니다.

수요 측면에서는 전기화가 '자발적 확산 구간'으로 진입합니다. 전기차의 가격이 낮아지고 성능이 개선되면서 보조금이 없어도 소비자들에게 선택을 받습니다. 건물 난방은 히트펌프 중심으로 바뀝니다. 산업에서는 전력 기반 공정이 늘지만, 이 시나리오의 특징은 전기화가 '전력의 무탄소화'를 앞지르지 않는다는 점입니다. 전력 믹스가 먼저 바뀌어야 전기화의 감축 효과가 커지기 때문입니다.

결과적으로 2030년대 초반까지는 전력 부문에서의 배출 감소가 전체 온실가스 감축을 견인하고, 다음에 열·산업·연료 전환이 따라 붙는 구조가 형성됩니다.

정량적으로는 '에너지 관련 배출의 정점이 빠르게 형성되고, 이후 하강 기울기가 커지는 경로'입니다. 정책 도구는 단일한 탄소가격에 기반한 비용 부과 체계로 수렴하지는 않습니다. 전력·산업·수송·건물에 각각 다른 규제와 인센티브가 작동하고, 장기계약(CfD·PPA·CCfD[20])과 세제 지원이 결합해 자본비용을 낮춥니다. 자본비용이 낮아지면 더 많은 자금을 이 분야에 투자할 수 있고 혁신이 촉진되며 규모의 경제가 실현되면서 선순환이 실현됩니다.

이 경로가 계속되면 2035년에는 전력 부문의 탄소집약도가 크게 낮아지고, 2040년대에는 남는 과제가 산업 공정배출·항공·해운·장주기 저장으로 수렴합니다. 여기서 수소와 CCUS는 주력이 아니라 마지막 잔여배출을 처리하는 보완 수단으로 자리 잡습니다. 특정 기술의 성패보다는 집중적인 선행 투자를 통해 전원 확충과 그리드 보강이 빠르게 진행되고, 그 위에서 전기화가 자연스럽게 확산될 수 있느냐가 이 시나리오의 핵심입니다.

20　CCfDCarbon Contracts for Difference는 탄소 감축 기술의 높은 비용과 불확실성을 줄이기 위해 설계된 정책·금융 계약 방식입니다. 저탄소 기술로 생산한 제품의 비용이 기존 고탄소 방식보다 비쌀 경우, 그 차이를 정부나 공공기관이 보전해 주는 구조입니다. 탄소 가격이 일정 기준보다 낮으면 차액을 보전하고, 높아지면 초과분을 환수하는 방식입니다. CCfD는 철강, 시멘트, 화학처럼 전기화가 어려운 산업에서 탈탄소 투자를 촉진하는 수단으로 활용되고 있습니다.

현상 유지 시나리오: 전환은 지속되지만, 속도가 느려져 '이중 투자' 장기화

현상 유지 시나리오는 에너지 전환을 포기하는 경로가 아닙니다. 목표는 남아 있고 투자는 계속되지만, 지정학·정치주기·금리·공급망 변동이 겹치며 속도가 둔화되는 미래를 가정합니다. 이 시나리오에서는 '청정 에너지 투자 확대'와 '화석연료 체제 유지 투자'가 동시에 지속됩니다. 최근 글로벌 에너지 투자 동향에서도 청정에너지 분야 투자가 커지는 한편, 에너지안보 논리가 강해지면서 화석연료 관련 투자도 일정 수준 유지되는 특성이 나타납니다.

이 시나리오에 따르면 정책 측면에서는 '일관성'이 약해집니다. 러시아-우크라이나 전쟁 이후 에너지 안보가 우선순위로 복귀했고, 미·중 경쟁은 핵심 광물·기술·공급망을 블록화했습니다.

여기에 미국은 행정부 교체에 따라 정책 강도가 흔들리기 쉬운 구조입니다. 이런 조건에서는 기업이 장기 투자를 결정하기 위해 요구하는 규칙의 안정성이 약해지고, 그 결과 자본비용이 높아집니다. 프로젝트는 취소되기보다 지연되고, 지연은 다시 금융비용을 키워 사업성을 악화시킵니다. 전환은 진행되지만 '지체된 일정이 비용으로 쌓이는' 구간이 길어집니다.

수요 측면에서는 전기화가 국가별로 분절됩니다. 중국과 유럽은 전기차 확산이 상대적으로 빠르지만, 다른 지역은 속도가 느립니다. 결과적으로 글로벌 평균으로 보면 전기화가 배출량을 줄이는 속도가 충분히 빠르지 않습니다. IEA가 세계 에너지 전망에서 다시 '현행정책 시나리오^{CPS}'를 제시하며, 일부 지역의 정책 약화와 전환 지연이 장기 수요를 바꿀 수 있음을 강조하는 맥락이 여기에 있습니다. 이 경로에서는 석유 수요가 2050년까지 1억 1,300만 배럴/일 수준으로 늘 수 있다는 전망도 제시됩니다.

전력 부문에서는 재생 에너지가 계속 늘지만, 전력망과 인허가가 병목이 됩니다. 이 병목은 단순한 행정 문제가 아니라, 전환의 '실제 공급 능력'을 제한합니다. 전력망 투자가 뒤처지면 출력 제한이 늘고, 계통 불안이 커지며, 그 결과 백업 설비와 연료비 지출이 유지됩니다. 이 시나리오에서 가장 흔한 풍경은 '재생 에너지 설비는 늘지만, 체감 가격과 안정성은 개선되지 않는' 상태입니다. 이 상태가 길어질수록 사회적 피로가 쌓이고, 전환 정책은 더 조심스러워집니다.

결과적으로 현상 유지 시나리오는 2030년대에도 배출이 '목표 경로'에 충분히 맞춰 내려오지 못합니다. 지구의 평균 기온은 계속 상승해서, IEA의 현행 정책 경로는 금세기 말 기온 상승이 거의 3℃에 근접할 수 있다는 경고로 귀결됩니다. 다만 이 시나리오가 의미하는 바는 단순한 실패가 아닙니다.

전환의 방향은 유지되되, 비용이 더 커지고, 선택지가 줄어드는 상황입니다. 기후위기 피해가 급증하게 되면 정치적 압력이 누적되고 결국 더 강력한 에너지 전환 정책이 뒤늦게 등장할 가능성이 높아집니다. 느린 전환이 안정을 의미하지는 않습니다. 지연된 불안정으로 귀결됩니다.

2035 가속화 시나리오: 전환의 성과가 입증되고 비용이 내려가 '시장의 힘'이 확산 주도

2035 가속화 시나리오는 2025~2035년을 '불완전한 과도기'로 지나가지만, 2030년대 중반을 기점으로 전환이 폭발적으로 빨라지는 경로입니다. 이 시나리오의 전제는 단순합니다. 첫째, 변동성 전원 중심의 전력 시스템이 실제로 운영 가능하다는 것이 여러 지역에서 반복 검증됩니다. 둘째, 표준화와 대량생산이 누적되며 재생 에너지 전기의 원가가 더 내려가고, 전기화된 기기들의 획득·운영 비용이 지속적으로 하락합니다. 셋째, 그 결과 전환 정책이 약해져도 기업과 가계가 경제성만으로도 에너지원을 바꾸기 시작합니다.

이 경로에서 2025~2035년은 '학습의 10년'입니다. 전력 수요는 AI, 전기화, 냉방 수요 증가 등으로 계속 늘고, 공급은 재생 에너지 중심으로 확대됩니다. IEA가 지적하듯 전력 수요는 여러 구조적 요인으로 증가 압력을 받으며, 전력 시스템의 회복력과 그리드 투자가 핵심 과제로 부상합니다. 이 기간에는 정책이 흔들리고 전환이 분절되지만, 동시에 공급망과 운영 기술은 축적됩니다. 즉 겉으로는 느려 보여도 가속을 준비하는 축적이 진행됩니다.

2035년 전후의 전환점은 가격 신호입니다. 전력·저장·전기화 설비가 충분히 싸지고, 금융이 위험을 더 정확히 가격에 반영할 수 있게 되면, 전기화 채택 속도가 빨라집니다. 특히 산업 고객은 전력 비용 안정성을 이유로 장기계약을 확대하고, 그 계약이 다시 신규 전원 투자와 그리드 투자를 당깁니다. 이때 전환은 '정부가 밀어서'가 아니라

‘기업이 당겨서’ 커집니다.

2035 가속화의 또 다른 촉매는 탄소 배출에 대한 국제 규제입니다. 탄소국경조정, 공급망 탄소 공개, 재생 에너지 전력 조달 요구는 개별 국가나 정권의 정책이 흔들려도 기업의 장기적인 의사결정을 강제합니다. 현상 유지 상태가 10년 이상 누적된다면, 향후 규제는 더 강한 형태로 돌아옵니다. 그러므로 관련 규제 이행을 먼저 이행한 기업들은 경쟁에서 우위에 설 수 있게 됩니다. 강력해진 국제 규제는 새로운 차별화 요인이 되고, 2035~2045년에는 에너지 전환이 공급망 네트워크를 따라 연쇄적으로 확산하게 됩니다.

정량적으로는 2035년 이후 배출 감소 속도가 커지고, 전력 부문은 빠르게 저탄소화되며, 수송 부문은 전기차 중심으로 재편됩니다. 다만 이 시나리오도 ‘전기가 먼저’라는 원칙을 벗어나지 않습니다. 전력의 탄소집약도가 충분히 내려온 뒤에야 열·산업 전환이 비용 대비 효과를 냅니다. 따라서 2035 가속화는 전원 확충·그리드 보강·경제성 개선 효과가 임계점을 넘을 만큼 누적되어 발생하게 됩니다.

이 경로에서 국제 공조는 완벽하지 않아도 됩니다. 오히려 일부 선도권역이 운영 성과를 보여주고, 투자자들이 그 성과를 벤치마크로 삼는 순간 확산은 가속됩니다. 다만 취약점도 분명합니다. 2025~2035년에 그리드 확충과 인허가 병목을 충분히 해결하지 못하면, 2035 이후 확산이 시작되어도 물리적 제약이 성장을 제한합니다. 가속화 시나리오의 주요 조건은 시장의 힘과 함께 사전에 깔아둔 인프라의 규모입니다.

　빠른 전환은 2025~2035년에 전원과 그리드를 동시에 깔아 2030년대에 배출 감소 기울기를 크게 만드는 경로입니다. 현상 유지는 투자와 정책이 분절돼 이중 투자가 길어지고, 배출 감소가 목표 속도를 따라가지 못하는 경로입니다. 2035 가속화는 전환이 지연되는 듯 보이지만 학습과 비용 하락이 누적돼, 2035년 이후 시장의 힘으로 확산이 폭발하는 경로입니다.

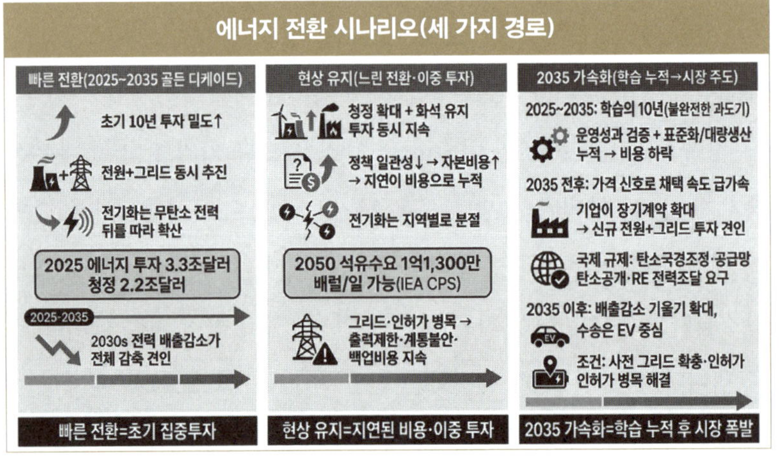

핵심 정리

- 에너지 전환의 속도와 비용은 기술이 아니라 조건이 좌우합니다. 핵심 요건은 ① 낮은 자본비용으로 선행 투자를 감당(금융) ② 배출에 실질적 비용을 부과(가격) ③ 국제 공조 · 정책 일관성 유지(정치), 이 세 가지가 동시에 흔들리면 전환은 '선언'에 머뭅니다.

- 에너지 전환은 본질적으로 '누가, 언제, 어떻게 비용을 부담하나'의 문제입니다. 초기에는 공공이 수익 보증 · 장기계약 등으로 리스크를 흡수해 자본비용을 낮추고, 이후 민간 자본이 규모를 키우는 순서가 중요합니다.

- 미래는 단일 예측보다 세 갈래 시나리오가 유용합니다: ① 2025~2035 빠른 전환(골든 디케이드)은 전원 · 그리드를 동시 추진해 배출량 하강 기울기를 키우고, ② 현상 유지는 지정학 · 정치주기 · 금리로 지연이 누적돼 이중 투자가 길어지며, ③ 2035 가속화는 2025~2035의 학습 · 표준화 · 비용 하락이 임계점을 넘으며 시장의 힘이 확산을 주도하는 미래를 상정합니다.

>>>>>>>>>　　**에너지 투자 인사이트**　　>>>>>>>>>

에너지 전환의 중요 변수는 할인율(자본비용)과 규제의 신뢰성입니다. 같은 설비라도 금리 · 정책 리스크가 커지면 LCOE/총비용이 뛰고, 프로젝트는 '취소'보다 지연되며 지연이 다시 금융비용을 키우는 악순환이 생깁니다.

시나리오별로 유망 자산이 갈립니다. 빠른 전환에서는 재생 에너지 전원과 함께 그리드 · 디지털 · 유연성(저장/수요반응) 분야가 동반 성장하고, 현상 유지에서는 출력제한 · 혼잡 · 백업 비용이 남아 전력망 병목 해소 · 안정화 설비의 가치가 커지며, 2035 가속화에서는 표준화된 전기화 설비와 장기계약 기반(기업 PPA · CfD/CCfD 등) 자산이 확산의 엔진이 됩니다.

'정치 · 국제규제'를 별도 리스크가 아니라 현금흐름의 규칙으로 봐야 합니다. 정책이 흔들릴수록 프리미엄이 붙고, 반대로 탄소국경조정 · 공급망 탄소 공개 · 재생전력 조달 요구처럼 국경을 넘는 규칙이 강화되면, 개별 정권의 진퇴와 무관하게 선제 대응한 기업/자산이 경쟁우위를 가집니다.

에너지 전환으로 보는 이재명 정부 정책

재생 에너지 중심의 국가 전환 전략

● **에너지 전환의 중심축으로 재생 에너지를 선택한 이유**

이재명 정부는 윤석열 정부가 원자력을 강조한 것과 달리 재생 에너지 산업 육성과 투자를 강조합니다. 정부 임기 5년간 재생 에너지 발전 설비 용량을 추가로 70GW 이상 늘리겠다는 목표도 제시했습니다. 이재명 정부가 에너지 전환의 중심축으로 재생 에너지를 선택한 배경에는 환경 담론만으로는 설명되지 않는 구조적 이유가 있습니다.

핵심은 세 가지입니다. 대외 에너지 의존이 환율과 물가를 흔드는 구조적 취약성, 수도권 집중이 초래한 지방 공동화의 가속, 그리고 주력 산업이 글로벌 시장에서 경쟁력을 유지하기 위해 필요한 전력 공급의 변화입니다. 재생 에너지 확대는 세 문제를 동시에 풀 수 있는 잠재력을 가진 정책 수단입니다.

첫 번째는 에너지 대외 의존과 환율 문제입니다

한국은 1차 에너지의 약 93%를 수입에 의존하는 국가입니다. 석유·가스·석탄 수입액은 국제 가격에 따라 크게 변동하며, 2022년 에너지 수입액은 약 2,000억 달러에 근접했습니다. 같은 해 경상수지 적자는 에너지 수입 증가가 직접적인 원인이었습니다. 원유 가격이 배럴당 10달러 상승할 경우 한국의 연간 수입액은 약 100억 달러 이상 증가하고, 이는 곧바로 환율과 물가에 압력으로 작용합니다. 전력 요금과 난방비, 물류비가 동시에 오르는 구조에서는 통화 정책이나 재정 정책만으로 대응하기 어렵습니다.

재생 에너지를 대폭 확대하면 이 구조를 바꿀 수 있습니다. 태양광과 풍력은 연료 수입이 필요 없는 국내 자원입니다. 초기 설비 투자 이후에는 연료비가 '0'에 가깝습니다. 전력 생산비의 상당 부분이 고정비로 전환되면서, 국제 에너지 가격 변동이 국내 경제에 미치는 영향이 크게 줄어듭니다. 이는 단순한 발전원 선택이 아니라 거시경제 안정 정책에 가깝습니다. 에너지 수입 구조가 바뀌면 환율 변동성, 무역수지, 산업 비용 구조가 동시에 달라집니다.

두 번째는 지방 공동화 문제입니다

지난 20년간 수도권 인구 비중은 50%를 넘어섰고, 일부 비수도권 시·군에서는 인구 감소율이 연평균 2%를 웃돌고 있습니다. 산업과 일자리가 수도권에 집중되면서 지방은 소비와 투자, 재정 기반이 동시에 약화되는 악순환에 빠졌습니다. 기존의 공공기관 이전이나 단순한 재정 이전만으로는 이 흐름을 되돌리기 어렵다는 점이 분명해졌습니다.

재생 에너지 개발은 오래된 문제에 새로운 해법을 제시합니다. 태양광과 풍력의 입지는 수도권이 아니라 지방이 유리합니다. 서남해 해상풍력, 호남·영남 내륙 태양광, 동해안 풍력 자원은 수도권에서 대체할 수 없습니다. 재생 에너지 개발이 지역에서 대규모로 진행될 경우, 발전 설비 투자, 운영 인력 채용, 유지보수 일자리, 연계 산업 투자가 함께 진행됩니다. 실제로 전남 신안 지역에서는 대규모 해상풍력 계획과 함께 지역 주민 참여 모델을 도입해 발전 수익 일부를 지역 소득으로 환원하는 제도가 시행 중이며, 이 지역의 인구는 이제 늘어나고 있습니다. 이는 재생 에너지가 단순한 발전 설비를 넘어 지역 경제의 새로운 기반이 될 수 있음을 보여주는 사례입니다.

세 번째는 산업 경쟁력입니다

글로벌 시장에서 전력은 더 이상 단순한 비용 요소가 아닙니다. 탄소배출 감축과 RE100[21]을 동시에 요구받는 국내 수출 대기업들의 고

---

21 RE100은 기업이 사용하는 전력의 100%를 재생 에너지로 조달하겠다는 글로벌 이니셔티브입니다. 2014년 영국의 비영리단체 클라이밋그룹과 CDP가 함께 출범시켰습니다. 가입 기업은

민이 깊습니다. 이들은 전기 요금과 함께 탄소 집약도, 공급 안정성, 장기 조달 가능성을 동시에 고려해야 합니다. 2025년말 기준 글로벌 RE100 가입 기업은 445개사이며, 이들이 사용하는 전력량은 연간 약 570TWh로서 한국이 연간 사용하는 전력량과 유사한 규모입니다. 반도체, 배터리, 데이터센터, 전기차, 수소 관련 산업은 모두 대규모 전력을 필요로 하며, 동시에 저탄소 전력을 요구합니다.

이 조건을 충족하지 못할 경우 입지를 바꿔야 할 수도 있습니다. 실제로 미국과 유럽에서는 재생 에너지 접근성이 높은 지역에 신규 데이터센터와 배터리 공장들이 들어서고 있습니다. 미국 텍사스와 버지니아, 유럽 북유럽 국가들이 대표적입니다. 이 지역들은 재생 에너지 비중이 높고, 장기 전력 계약이 가능하며, 전력망 확장이 비교적 용이합니다. 전력 조달 조건이 곧 산업 입지 조건이 된 것입니다.

이재명 정부가 재생 에너지 중심 전환을 강조하는 이유는 여기에 있습니다. 환경 정책의 연장이 아니라, 환율과 산업, 지역 문제를 동시에 다루는 종합적인 성장 전략입니다. 재생 에너지를 늘리지 않으면 에너지 수입 구조는 바뀌지 않고, 지방은 계속 쇠퇴하며, 주력 산업은 글로벌 공급망에서 불리한 위치로 밀려납니다. 반대로 재생 에너지를 중심으로 전력 구조를 바꾸면, 에너지 비용의 성격이 바뀌고, 지역에

특정 기술을 선택하라는 요구를 받지는 않지만, 재생 에너지 전력을 실제로 조달했다는 점을 투명하게 증명해야 합니다. 장기 전력구매계약, 재생 에너지 인증서, 자체 발전 등이 주요 수단입니다. RE100은 환경 캠페인에 그치지 않고, 기업의 공급망 관리와 입지 선택에 직접적인 영향을 미치는 기준으로 자리 잡고 있습니다.

새로운 투자 이유가 생기며, 산업은 미래 시장의 요구에 대응할 수 있습니다.

● 재생 에너지 산업, 생태계가 형성된다

이 정책은 단기적으로는 대규모 선행 투자를 필요로 합니다. 그러나 장기적으로는 연료 수입 감소, 환율 안정, 산업 경쟁력 유지라는 형태로 비용을 회수할 수 있습니다. 이 점에서 재생 에너지 중심 전환은 '비용을 쓰고 낭비하는 정책'이 아니라 '장기 비용 구조를 바꾸어 경쟁력을 강화하는 정책'에 가깝습니다.

이재명 정부는 재생 에너지 확대 정책을 통해 전력 시스템의 작동 원리 자체를 바꾸겠다는 포석도 깔고 있습니다. 재생 에너지를 일부 보조 전원이 아니라, 미래 전력 시스템의 기본값으로 두려 합니다. 기존의 에너지 정책은 화석연료와 원자력을 중심에 두고, 재생 에너지를 보완 수단으로 추가하는 방식이었습니다.

이 구조에서는 재생 에너지가 늘어날수록 출력 제한, 계통 부담, 비용 논쟁이 반복되었습니다. 실제로 2023~2025년 제주도를 중심으로 풍력과 태양광 출력 제한이 빈번히 발생했으며 이로 인해 재생 에너지 투자의 불확실성이 커졌습니다. 장주기 ESS를 2025년부터 대거 투입하고 있으나, 변동성 재생 에너지를 기존 전력망 체계에 그대로 추가하려고 하면, 출력 제한에 대한 처리나 전력 계통의 운영 복잡성이 증가하고 전환은 지연될 우려가 커집니다.

이재명 정부는 장기적으로 재생 에너지를 전력 시스템의 중심에 두고, 나머지 전원과 인프라를 이에 맞게 재설계하려 합니다. 이 정책이 성공하려면 확실하고 압도적인 투자 규모, 빠른 도입, 전력 시장 개편이 필요합니다. 발전원 믹스에서 재생 에너지가 10%에서 20%로 늘어나는 것은 '추가'에 가깝지만, 40%를 넘어서면 시스템의 성격이 바뀝니다. 국제 사례에서도 재생 에너지 비중이 40%를 넘는 시점부터 전력망 운영, 저장, 수요관리가 핵심 이슈로 전환됩니다.

국내 여건상 재생 에너지 비중을 대폭 늘리려면, 소규모 분산 사업만으로는 충분하지 않습니다. 이재명 정부가 대규모 해상풍력, 집적형 태양광, 광역 전력망 투자를 함께 추진하려는 이유가 여기에 있습니다. 예를 들어 서남해 해상풍력은 단일 프로젝트 기준으로도 수 GW 단위가 논의되고 있으며, 이는 기존 발전 단지와 맞먹는 규모입니다. 이런 수준의 프로젝트가 본격적으로 가동되어야 전력 시스템의 중심축이 재생 에너지로 이동합니다.

재생 에너지 중심 전환이 갖는 또 하나의 의미는 전력 비용 구조의 변화입니다. 화석연료 기반 시스템에서는 전력 비용의 상당 부분이 연료비입니다. 국제 가격 변동이 시간을 두고 소매 전기요금에 반영됩니다. 반면 재생 에너지 중심 시스템에서는 비용의 대부분이 초기 투자비와 금융비입니다. 전기 요금은 금융 조건과 직결됩니다. 할인율이 1%포인트 낮아질 경우, 대규모 태양광·풍력 프로젝트의 균등화 발전비용은 10~20% 이상 낮아질 수 있습니다.

이 때문에 재생 에너지 보급 확대는 기술 정책이 아니라 금융 정책과 더욱 밀접하게 결합됩니다. 이재명 정부가 장기 계약, 공공 보증, 정책 금융을 강조하는 이유도 여기에 있습니다. 재생 에너지는 자본비용에 민감한 기술입니다. 낮은 금리와 예측 가능한 수익 구조를 제공할수록 빠르게 확산됩니다. 반대로 정책 신뢰가 약해지면 자본 비용이 상승하고, 같은 기술이라도 LCOE는 올라갑니다.

해외 사례는 이를 잘 보여줍니다. 영국은 해상풍력 확대 과정에서 CfD를 통해 장기 가격을 고정했고, 그 결과 해상풍력 발전 단가는 10년 사이 절반 이하로 낮아졌습니다. 초기에는 보조금 논란이 있었지만, 일정 규모를 넘어서자 해상풍력은 영국 전력 시스템의 핵심 전원이 되었습니다. 반면 제도 변경이 잦았던 일부 국가에서는 동일한 기술을 도입하고도 투자 지연과 비용 상승이 반복되었습니다.

재생 에너지 중심 전환은 산업 정책과도 직접 연결됩니다. 전력 가격의 안정성은 에너지 다소비 산업의 경쟁력을 좌우합니다. 반도체, 철강, 화학, 데이터센터는 전력 단가뿐 아니라 가격 변동성을 중요하게 봅니다. 재생 에너지 기반 장기 계약은 이러한 산업에 예측 가능한 비용 구조를 제공합니다. 이는 단기 요금 인하보다 장기 투자 결정에 더 큰 영향을 미칩니다.

이 점에서 재생 에너지는 단순한 발전 설비가 아니라 산업 입지를 결정하는 인프라입니다. 실제로 글로벌 기업들은 전력 접근성을 기준으로 공장과 데이터센터 입지를 재편하고 있습니다. 북유럽이 데이터센터 허브로 부상한 배경에는 낮은 전력 탄소 집약도와 안정적인 재생 에너지 공급이 있습니다. 이는 기후 정책의 결과이면서 동시에 산업 전략의 성과입니다.

국내에서도 유사한 선택의 기로에 서 있습니다. 재생 에너지를 제한적으로 늘리면, 산업은 여전히 화석연료 기반 전력에 의존하게 되고, 핵심 고객들의 탄소 배출량 저감과 RE100 요구를 충족하기 위해 해외로 눈을 돌릴 수밖에 없습니다. 반대로 재생 에너지를 중심으로 전력 구조를 전환하면, 국내에서도 글로벌 기준을 충족하는 산업 입지를 확보할 수 있습니다.

또 하나의 중요한 요소는 속도입니다. 에너지 전환은 누적 효과를 가지는 산업입니다. 초기에 투자한 설비와 인프라는 수십 년간 작동하며, 다음 선택의 범위를 제한합니다. 2025~2035년 사이의 투자 결정이 2040년대의 전력 비용과 산업 구조를 사실상 고정합니다. 이 때문에 이재명 정부는 '조금씩 늘리는 방식'보다 '초기에 크게 바꾸는 방식'을 선택합니다.

이 선택은 위험을 동반하지만, 동시에 기회를 만듭니다. 재생 에너지 산업은 발전 설비에 그치지 않고, 전력망, 저장, 제어 시스템, 금융, 운영 서비스로 확장됩니다. 하나의 전원이 아니라 하나의 산업 생태계가 형성됩니다. 이 생태계는 지방에 분산될 수 있고, 안정적인 새로운 일자리를 많이 만들 수 있습니다.

재생 에너지 중심 에너지 전환 정책은 환경 목표를 달성하기 위한 수단에 그치지 않고, 경제 구조를 재설계할 수 있는 잠재력을 가집니다. 투자 규모, 금융 지원, 산업 정책, 지역 정책이 동시에 맞물릴 때 그 잠재력을 발휘하게 될 것입니다.

이재명 정부의 재생 에너지 중심 전환은 부동산에 과도하게 집중된 민간 자본의 흐름을 재편하려는 전략과도 결합됩니다. 이 정부의 소위 '머니무브'는 민간 자본을 부동산이나 단기 금융 상품이 아닌 장기 인프라와 실물 산업으로 흘러가도록 유도하려는 목적의 정책입니다.

재생 에너지와 관련 인프라는 이러한 자본 이동에 적합한 대상입니다. 발전 설비, 저장, 운영 자산은 통상 20~30년 이상의 수명을 가지며, 장기 계약을 전제로 안정적인 현금흐름을 창출합니다. 이는 연금, 보험, 공제회와 같은 장기 자금의 성격과도 잘 맞습니다. 이재명 정부가 재생 에너지 투자를 전 국민이 참여하는 '국가 프로젝트'로 격상하려는 이유와도 일맥상통합니다.

국민성장펀드는 이 머니무브 전략의 핵심 수단입니다. 공공 재정이 모든 투자를 감당하는 방식이 아니라, 공공 자금이 초기 리스크를 일부 흡수하고 민간 자본을 끌어들이는 구조입니다. 정부 출자와 정책 금융이 앵커 역할을 수행하면, 민간 자금은 낮아진 위험과 예측 가능한 수익 구조를 보고 참여할 수 있습니다. 이는 과거 산업화 시기의 정책 금융과 유사하지만, 이번에는 화석연료가 아니라 재생 에너지와 미래 산업 인프라가 투자 대상입니다.

중요한 점은 이 자금 흐름이 일회성 경기 부양이 아니라 구조적 이동이라는 점입니다. 재생 에너지 중심 전환이 본격화되면, 발전 설비뿐 아니라 운영·관리·금융·서비스 분야까지 연쇄적인 투자 수요가 발생합니다. 이는 단기 수익을 좇는 투기성 자본보다, 안정적 수익을 추구하는 장기 자본에 유리한 환경을 만듭니다.

이재명 정부의 재생 에너지 전략은 에너지 자립이나 감축 목표를 넘어, 한국 경제의 자본 구조를 바꾸려는 시도입니다. 에너지 전환은 에너지 공급망을 바꾸기 위해 돈이 움직이는 방향을 바꾸는 과제를 수반합니다. 이 머니무브가 실제로 작동할 수 있느냐가 이재명 정부의 재생 에너지 중심 전환의 성패, 더 나아가 한국의 에너지 전환의 속도와 향방을 결정할 중요 변수입니다.

핵심 정리

- 이재명 정부의 재생 에너지 중심 전환은 환경 정책이 아니라 에너지 수입 구조, 환율 안정, 산업 경쟁력, 지방 공동화를 동시에 다루는 거시경제·산업 전략입니다.
- 재생 에너지를 보조 전원이 아니라 전력 시스템의 기본값으로 설정하면서, 전력 비용 구조와 산업 입지 조건 자체를 장기적으로 바꾸려는 선택입니다.

>>>>>>>>> **에너지 투자 인사이트** >>>>>>>>>

재생 에너지 확대의 핵심은 발전 기술보다 금융 조건과 정책 신뢰성에 있으며, 장기 계약과 공공 보증이 자본비용을 낮출수록 투자 속도는 비선형적으로 빨라집니다.

초기 5~10년의 대규모 투자 결정이 향후 수십 년간 전력 비용과 산업 경쟁력을 결정하므로, 재생 에너지는 단기 수익 자산이 아니라 장기 구조 전환 자산으로 접근해야 합니다.

'5극 3특' 전략과
RE100 산업단지 모델

● **에너지 전환과 지역균형발전의 관계**

이재명 정부는 서울과 수도권에 경제력이 집중된 문제를 해결하기 위해 지자체들을 묶어 경제 거점화하겠다는 5극 3특 전략을 추진하고 있습니다. 공기업 지방 이전과 혁신 도시 개발의 뒤를 이은 새로운 지방균형발전 전략입니다.

이 전략은 균형발전을 '예산 배분'이 아니라 '성장 구조의 재배치'로 다룹니다. 수도권이 모든 기능을 흡수하는 구조에서는 기업·인구·전력이 계속 빨려 들어가고, 지방은 교육·의료·교통의 기반이 약해지며 점차 무너집니다. 이때 지방 살리기는 지원금의 문제가 아니라, 일자리·전력·데이터·물류가 동시에 붙는 거점을 새로 만드는 문제입니다.

5극은 권역 단위의 성장엔진을 복수로 세우는 구상입니다. 수도권, 충청권, 호남권, 동남권, 대경권을 축으로 초광역 단위의 산업·대학·교통·에너지 인프라를 묶어 '규모의 경제'를 지방에서도 만들겠다는 목표입니다.

3특은 수도권과 대도시 권역 밖에서 전략적 의미가 큰 강원특별자치도, 전북특별자치도, 제주특별자치도를 별도의 전환 실험장으로 설계해, 자원·입지·규제 특례를 활용한 성장 모델을 만든다는 뜻에 가깝습니다. 요지는 '전국을 고르게'가 아니라, 전국에 서로 다른 역할을 가진 성장거점을 다층으로 깔아 수도권 과밀의 한계비용을 낮추는 것입니다.

이 전략은 에너지 전환과 연관되어 있습니다. 제조업·데이터 산업의 경쟁 조건이 '전기요금'뿐만이 아니라 전력의 탄소 속성(재생·무탄소 여부)과 안정성으로 이동하면서, 지방의 재생 에너지 잠재력이 '산업 입지 자원'으로도 작용하게 되었습니다. 다시 말해 5극 3특은 지방을 소비지의 보조가 아니라 전력·산업·데이터를 함께 생산하는 거점으로 재정의하는 장치입니다.

이때 균형발전은 낙후 지역 지원이 아니라, 수출 산업의 규범(RE100·공급망 탄소공시)과 미래산업(AI·반도체·배터리)의 입지 조건을 지방에서 충족시키는 방식으로 구체화됩니다. 결국 5극 3특은 '어디에 공장을 둘 것인가'의 해답이라기보다는, 어디에 전력과 데이터를 붙여

경제를 다시 성장시킬 것인가는 고민의 결과입니다.

이재명 정부에서 추진하는 RE100 산업단지 개발 정책은 5극 3특 전략의 중요한 기둥입니다. RE100 산업단지 모델은 한마디로 전력의 생산·소비를 같은 권역에서 묶어(지산지소), 산업 입지의 불확실성을 줄이는 설계입니다. 기존 산업단지는 '부지 → 도로·용수 → 전력은 뒤따름'의 순서로 개발되어왔습니다.

그러나 2020년대 중반부터 시작된 AI 인프라 구축 경쟁과 대규모 전력을 소비하는 반도체 산업의 호황으로 산업단지(이하 '산단') 입지 조건과 개발 순서가 바뀌고 있습니다. 충분한 전력을 빨리 공급하면서 주민 수용성을 확보하고 국토 균형 발전을 달성해야 합니다. 거기에 재생 에너지 전력을 장기 계약으로 확보할 수 있는지도 중요한 전제 조건이 되었습니다. 수출기업에게 전력의 탄소 속성은 곧 납품 자격이 되고, AI 데이터센터에는 전력 공급을 얼마나 빨리 할 수 있느냐는 중요한 입지조건이 되었습니다.

RE100 산단은 산업단지에 발전소 하나를 붙이는 수준의 사업이 아닙니다. 핵심은 ① 재생 에너지 개발, ② 장기계약(PPA 등), ③ 수요 앵커(산단·데이터센터), ④ 계통·유연성(저장·제어)을 한 묶음으로 엮어서 시너지를 창출하는 데 있습니다. 산단이 입주한 개별 기업들의 재생 에너지 조달 문제를 해결하면, 중견·중소기업도 부담이 크게 줄어듭니다. 동시에 지역은 재생 에너지 전력 생산의 수익을 가져가면서 일자리를 확보하고, 수도권으로 몰리는 AI 데이터센터 수요를 분산하고 장거리 송전망 건설 수요를 낮출 수 있습니다.

AI 데이터센터는 전력을 많이 사용하지만, 소비 패턴이 조업 시간대에 수요가 몰리는 일반 공장들과는 다릅니다. 연중 24시간 안정적으로 전력을 사용하는 기저형 대규모 전력 소비자입니다. IEA는 전 세계 데이터센터 전력 소비가 2024년 415TWh이고, 2030년 945TWh로 2배 이상 늘어날 수 있다고 봅니다. 특히 AI 확산이 데이터센터 전력 소비량 증가의 핵심 동인으로 제시됩니다.

이 변화는 한국에서도 입지·계통 논쟁을 촉발합니다. 수도권은 이미 데이터센터·전문인력·서비스 업체들이 밀집해 있고, 전력 공급설비는 과밀한 상태입니다. 그래서 수도권에 AI 데이터센터를 추가하는 것은 비싼 땅값, 강력한 민원 문제, 계통영향평가 통과 등의 어려움을 극복해야 하는 난제입니다.

이제는 AI 데이터센터를 지을 때 '어디에서 전력을 장기·안정·저탄소로 조달할 것인가'가 중요한 요인이 되었습니다. 국회 차원의 조사보고서에서도 AI 데이터센터 전력 수요 확대가 계통·입지 문제와 직접 연결된다는 점이 반복해서 제기됩니다.

RE100 산단이 데이터센터 유치와 결합되는 이유가 여기에 있습니다. 특히나 수백 MW 규모의 막대한 전력을 필요로 하는 거대 AI 데이터센터는 전력 공급 여건에 따라 입지가 결정되는 건 전세계적인 추세입니다. 전력 공급 여건이 좋고 거기에 더해 재생 에너지 기반 장기 전력사용 계약을 할 수 있는 지역이 각광을 받고 있습니다.

반도체 팹은 전력과 용수 조달 여건에 입지 조건이 좌우되며 규모의 경제가 무엇보다 중요한 거대 장치 산업입니다. 한국이 수백조 원의 투자를 통해 '용인 반도체 클러스터'를 국가 전략 산단으로 조성하는 이유도 공급망과 기술패권 경쟁 속에서 반도체 산업의 우위를 지속적으로 지켜가지 위함입니다.

다만 이 프로젝트의 거대한 투자 규모는 막대한 인프라 구축 부담으로 되돌아옵니다. 보도에 따르면 용인 반도체 클러스터가 필요한 전력은 15GW, 용수는 일일 40만 톤이며, 이를 공급하기 위한 인프라 구축은 국가 전체에 영향을 끼치는 거대 프로젝트입니다.

단순히 송전선로를 더 건설하는 수준의 문제가 아닙니다. 전력의 품질(안정성)과 속성(저탄소), 그리고 공급 시점(시간표) 모두가 이슈입니다. 반도체는 정전·전압변동·품질 저하의 비용이 치명적이고, 공급망 요구가 강화될수록 탄소 속성의 압력도 커집니다. 따라서 수도권에 입지하는 초대형 반도체 산단은 필연적으로 전력망 확충·발전소 건설·수요관리·장기계약을 동시에 요구합니다.

● 5극 3특은 성장 전략이다

RE100 산단 모델은 용인 반도체 클러스터 같은 수도권 집중형 경제구조의 약점을 보완하고 한국의 산업 경쟁력을 높일 수 있는 대안이 될 수 있습니다. 가뜩이나 사람이 몰리고, 집값은 비싸며, 각종 인프라 구축 비용이 천문학적으로 증가하는 수도권에 산단과 AI 데이터센터를 더 건설하면 인프라 병목은 심해지고 사회적 갈등 비용도 가

파르게 증가합니다.

반대로 지방 거점에 재생 에너지와 데이터센터·첨단제조를 결합하면, 지산지소를 통해 송전 부담과 입지 갈등을 분산할 수 있습니다. 즉 5극 3특은 지방 발전의 '거점'이고, RE100 산단은 그 거점을 활성화하기 위해 에너지 전환을 활용하는 운영 모델입니다.

RE100 산단은 수출 제조업(탄소 배출 규범) + AI 데이터센터(전력 조달) + 지역균형(공간 재배치)을 한 번에 묶는 설계입니다. 그리고 이 설계가 실제로 충분한 규모로 구현되려면, 결국 전력망과 계통 기술이 다음 단계로 발전해야 합니다.

차세대 전력망 구상에서 핵심은 '새 전력망을 처음부터 다시 깐다'가 아니라, 기존 AC 계통의 한계를 'DC 레이어'로 우회·보강하는 접근입니다. 재생 에너지가 늘수록 병목은 발전기가 아니라 전력을 실어 나르는 경로(혼잡)와 안정성(관성·전압·주파수)에서 발생합니다. 그래서 HVDC/MVDC, ESS, 스마트그리드 그리고 GFM_{Grid-Forming} 같은 기술을 종합적으로 적용해야 합니다.

AC(교류망)에 DC(직류망)를 섞으면 송배전 능력이 대폭 개선됩니다

기존 계통의 물리적 뼈대를 활용하되 추가 투자를 통해 송배전 처리 용량을 대폭 늘릴 수 있다면, 신규 계통 부설로 인한 주민 반대와 개통 지연 문제를 크게 경감할 수 있습니다. DC(직류) 기술을 통해 가능합니다. 대표적인 방식이 ① 기존 AC 송전선로를 DC로 전환하거나, ② AC 계통 위에 HVDC '오버레이'를 추가해 혼잡을 분산하는 것입니다. 기존 HVAC 선로를 HVDC로 전환할 경우 동일 회선·동일 경로에서 전송용량이 많게는 3배 이상 증가할 수 있습니다.

또한 DC는 선로의 열적 한계(허용전류)와 제어 가능성 측면에서 강점이 있고, 조류를 '원하는 방향으로' 밀어 넣을 수 있어 병목 구간을 우회하는 데 유리합니다. 기존 AC 계통의 변전소는 계통의 주요 절점node으로 기능하는데, 여기에 DC 변환소를 추가하고 ESS를 배치하면 전력 흐름의 능동적인 제어와 혼잡 우회 능력이 대폭 향상됩니다. 이런 방식으로 AC망과 DC망을 섞는 것은 세계적인 추세입니다.

분산형 마이크로그리드[22]와 MVDC: '지산지소'를 전력망 구조로 만드는 방식입니다

RE100 산단이 지산지소 모델을 표방한다면, 전력망은 그 약속을 물리적으로 보장해야 합니다. 여기서 분산형 마이크로그리드는 '섬처럼 고립'이 아니라, 평소엔 계통과 연계되고, 필요할 때 자립 운전이 가능한 형태로 설계되는 경향이 있습니다. 배전계통에 적용할 수 있는 MVDC는 공장·산단 내부의 대전력 수요(데이터센터, 반도체, 대형 모터)

---

22 마이크로그리드는 특정 지역이나 시설 안에서 전력을 자체적으로 생산·저장·소비할 수 있도록 구성된 소규모 전력 시스템입니다. 태양광, 풍력, 소형 가스발전기 같은 분산형 전원과 배터리 저장장치, 에너지관리시스템을 결합해 운영됩니다. 평상시에는 기존 대형 전력망과 연결되어 전력을 주고받지만, 정전이나 재난 상황에서는 외부 계통과 분리되어 독립적으로 운영될 수 있습니다. 이 때문에 마이크로그리드는 전력 공급의 안정성과 회복력을 높이는 수단으로 주목받고 있습니다. 또한 재생 에너지 비중이 높은 지역에서 전력망 부담을 줄이는 역할도 수행합니다.

를 보다 효율적으로 연결하는 옵션으로 부상하고 있습니다.

결과적으로 RE100 산단은 단순한 전력 소비자가 아니라 전력 소비·저장·제어가 묶인 독립적인 전력망으로 기능해야 합니다. 이렇게 되면 재생 에너지 확충에 따른 계통 건설 수요도 줄고, 특정 시간대 넘치는 재생 에너지를 기존 전력망이 수용해야 하는 소위 '초과전력' 문제도 해결할 수 있습니다.

GFM과 ESS, 스마트그리드: 재생 중심 계통의 '운영 가능한 안정성'입니다

재생 에너지 비중이 커지면 계통은 동기발전기의 관성과 전압지지 의존도를 줄여야 합니다. 이때 GFM 인버터는 전압·주파수 기준을 제공하며(동기기처럼) 계통 안정에 기여하는 방향으로 설계됩니다. 미국 NREL 등에서도 GFM이 저관성 계통에서 안정적 운전을 돕는 핵심 개념으로 다뤄집니다.

여기에 ESS는 단순 저장이 아니라 주파수·전압 제어, 피크 완화, 출력 변동 흡수의 '유연성 자원'으로 역할이 바뀝니다. 스마트그리드는 이 자원들을 묶어 계통 운영의 디지털화를 통해 '변동성'을 관리 가능한 변수로 바꾸는 층입니다.

5극 3특은 '거점의 지도'이고, RE100 산단은 '거점의 전력·탄소 운영모델'이며, 차세대 전력망(AC+DC, 마이크로그리드, GFM, ESS, 스마트그리드)은 '그 모델을 가능하게 하는 물리 인프라'입니다. 지방에서 재생 에너지를 개발해 지산지소로 묶고, RE100 요구를 산업단지 단위로 해결하며, AI 데이터센터 같은 앵커 수요로 투자 회수의 예측성을 만들고, 그 전체를 AC 위의 DC 레이어와 분산형 계통 기술로 뒷받침하는 구상입니다. 이 패키지가 작동할 때 5극 3특은 단순한 구호가 아니라, 전력·산업·데이터가 함께 돌아가는 성장 전략이 됩니다.

핵심 정리

- 5극 3특 전략은 균형발전을 예산 이전이 아니라 전력·산업·데이터를 함께 배치하는 성장 구조의 재설계로 접근하며, 지방을 소비지의 보조가 아닌 생산 거점으로 전환하려는 구상입니다.
- RE100 산단 모델은 재생 에너지 개발, 장기 전력계약, AI 데이터센터·첨단 제조 수요, 계통·유연성을 하나의 패키지로 묶어 산업 입지의 불확실성을 구조적으로 낮추는 방식입니다.

▶▶▶▶▶▶▶▶ 에너지 투자 인사이트 ▶▶▶▶▶▶▶▶

향후 투자 기회는 개별 발전소보다 RE100 산단 단위의 전력·저장·제어 통합 모델과 AC+DC 혼합 전력망, 마이크로그리드 같은 시스템 자산에서 확대될 가능성이 큽니다.

AI 데이터센터와 첨단 제조를 앵커 수요로 결합한 지방 거점은 장기 전력 수요의 예측성을 높여, 재생 에너지·전력망·ESS 투자의 금융 구조를 안정화하는 핵심 요인이 될 것입니다.

에너지 전환이 만드는
투자 기회와 장기 전망

● **산업, 전력, 금융이 동시에 바뀐다**

이재명 정부는 2030년까지 약 70GW 이상 규모의 재생 에너지 설비를 확충하는 것을 에너지 전환의 핵심 목표로 설정하고 있습니다. 이는 2025년 기준 약 35GW 수준의 재생 에너지 설비를 2배 이상 확대하는 계획이며, 단순한 발전원 교체가 아니라 산업·전력·금융 구조를 동시에 재편하는 국가 인프라 프로젝트로 이해할 필요가 있습니다. 재생 에너지 설비 확충은 곧 전력 생산량의 증가를 의미하지만, 그 전력이 실제로 산업과 도시에서 활용되기 위해서는 송전망, 배전망, 계통 운영, 저장 설비까지 포함한 시스템 전반의 확장이 필수적이기 때문입니다.

재생 에너지 70GW 확충을 전제로 할 경우, 필요한 투자 규모는 단일 항목으로 산정하기 어렵습니다. 태양광과 풍력 중심의 발전 설비 투자뿐 아니라, 계통 접속 설비, ESS, 전력망 보강, 계통 안정화 기술이 동시에 요구됩니다. 국제적으로 통용되는 단가를 기준으로 보면, 태양광은 1GW당 약 8,000억~1.5조 원, 해상풍력은 1GW당 3조~5조 원 이상의 투자가 필요합니다. 이를 단순 적용해도 발전 설비 투자만으로 수십조 원 규모가 형성되며, 여기에 ESS와 송·배전망 확충 비용을 포함하면 전체 투자 수요는 수십조 원을 넘어 100조 원대에 접근할 가능성이 큽니다.

전력망 투자 수요는 특히 중요합니다. 재생 에너지 설비가 주로 비수도권과 해안 지역에 집중되는 구조에서, 수도권과 대규모 산업 수요처로 전력을 안정적으로 공급하기 위해서는 기존 전력망의 단순 보강을 넘어선 구조적 확장이 필요합니다. 정부는 2030년까지 국내 송전망을 현재 대비 약 30% 이상 확대하는 계획을 제시하고 있습니다. 이는 단순한 선로 연장이 아니라 고압 직류 송전, 스마트그리드, 분산자원 통합 제어 체계까지 포함하는 차세대 전력망 구축을 의미합니다.

특히 HVDC는 장거리·대용량 전력 전송에 유리해, 서해안과 남해안 재생 에너지 집적지에서 수도권과 대규모 산업단지를 연결하는 핵심 인프라로 평가받고 있습니다. 단일 HVDC 구간만으로도 수조 원에서 10조 원 이상이 투입되는 사례가 언급될 정도로, 전력망 투자는 재생 에너지 확대의 병목이자 동시에 가장 큰 투자 기회로 부상하고 있습니다.

이러한 대규모 인프라 투자를 가능하게 하는 재정·금융 수단으로 정부가 제시하는 핵심 장치가 국민성장펀드입니다. 국민성장펀드는 공공 자금과 민간 자본을 결합해 장기 인프라 투자에 적합한 구조를 만드는 것을 목표로 하며, 재생 에너지와 전력망, RE100 산업단지, 데이터센터 연계 전력 인프라를 주요 투자 대상으로 설정하고 있습니다.

이미 해상풍력 프로젝트에 수조 원 규모의 금융 지원이 이뤄진 사례는 국민성장펀드가 단순한 정책 선언이 아니라 실제 자금 집행 수단으로 작동할 수 있음을 보여줍니다. 이 펀드는 개별 설비에 대한 직접 투자라기보다, 프로젝트 파이낸싱의 초기 위험을 낮추고 민간 금융의 참여를 유도하는 앵커 투자 역할을 수행하는 데 초점이 맞춰져 있습니다.

정부가 함께 제시하는 '에너지 고속도로' 구상은 이러한 자본 투자를 하나의 공간 전략으로 묶는 개념입니다. 에너지 고속도로는 재생 에너지 집적 지역과 대규모 전력 수요처를 차세대 전력망으로 연결해, 누구나 전기를 생산하고 사고팔 수 있는 전력 시장 구조를 만드는 것을 지향합니다.

이는 과거 산업화 시기의 고속도로가 물류와 제조업을 연결했던 것과 유사하게, 전력을 산업 경쟁력의 핵심 인프라로 재정의하는 접근입니다. 장기적으로는 서해안과 남해안을 따라 형성되는 재생 에너지 벨트를 수도권과 5극 3특 거점, RE100 산업단지, AI 데이터센터와 직

접 연결하는 국가 전력 네트워크로 발전시키겠다는 비전으로 이해할
수 있습니다.

이러한 인프라 투자 수요를 조달하기 위해 정부는 단일 재정 투입
이 아니라 다층적인 금융 구조를 염두에 두고 있습니다. 정책 금융과
국민성장펀드가 초기 위험을 흡수하고, 이후 민간 금융기관과 연기금,
보험 자금이 프로젝트 파이낸싱과 인프라 펀드 형태로 참여하는 구조
입니다.

특히 장기 PPA와 RE100 이행 수요는 재생 에너지 프로젝트의 현
금흐름을 안정화하는 핵심 장치로 작동합니다. 산업단지와 데이터센
터, 수출기업이 장기 PPA를 통해 전력 수요를 확정하면, 금융기관은
해당 프로젝트를 안정적인 인프라 자산으로 평가할 수 있습니다.

● 연쇄적인 투자 파이프라인이 형성된다

이재명 정부의 에너지 전환 정책과 관련된 투자 기회는 단순한 발
전 설비 투자에 국한되지 않습니다. 재생 에너지 확대는 전력망, 저장
설비, 계통 운영, 금융 구조까지 연쇄적으로 확장되는 투자 파이프라
인을 형성합니다. 이재명 정부가 제시하는 국민성장펀드와 에너지 고
속도로 비전은 이러한 파이프라인을 제도화하고 장기 자본을 끌어들
이기 위한 장치입니다. 이는 에너지 전환을 환경 정책의 비용 항목이
아니라, 산업과 금융, 지역 전략을 동시에 움직이는 성장 인프라 투자

로 재정의하고 있다는 점에서 중요한 의미를 가집니다.

2030년까지 재생 에너지 설비를 약 70GW 이상 확충하고, 이를 뒷받침하는 전력망과 저장 인프라를 동시에 구축하려면 기술보다 먼저 제도와 시장 구조가 바뀌어야 합니다. 이재명 정부의 에너지 정책에서 중요한 점은, 대규모 재정 투입만으로 전환을 달성하겠다는 접근이 아니라, 민간 자본이 장기간 참여할 수 있도록 제도적 조건을 재설계하겠다는 방향성입니다. 이는 과거 유럽과 미국에서 대규모 재생 에너지 · 전력망 투자가 가능해졌던 경로와 구조적으로 유사합니다. 따라서 앞으로 세 가지 변화가 예상됩니다.

첫 번째 변화는 전력 시장 규칙의 점진적 완화와 계약 기반 시장의 확대입니다

한국의 전력 시장은 오랫동안 단일 구매자 구조와 규제 요금 체계에 기반해 운영돼왔습니다. 이 구조에서는 대규모 민간 자본이 장기 수익을 예측하기 어렵고, 발전 설비나 전력망 투자가 공공 재정에 과도하게 의존하게 됩니다.

유럽의 경우 2000년대 중반 이후 장기 PPA와 CfD를 제도화하면서 민간 투자가 급격히 확대되었습니다. 영국은 2014년 CfD 제도 도입 이후 해상풍력 단가를 약 60% 이상 낮추는 동시에, 2023년 기준 누적 해상풍력 설비 용량을 약 14GW까지 확대했습니다. 이 과정에서 정부의 직접 재정 부담은 줄어들고, 연기금과 보험 자금이 대거 유입되었습니다.

한국에서도 유사한 변화가 예상됩니다. RE100 수요가 본격화되면서 대기업과 데이터센터, 수출 기업을 중심으로 10~20년 장기 PPA 수요가 빠르게 증가하고 있습니다. 이미 일부 산업단지에서는 연간 수백 GWh 규모의 전력을 장기 계약으로 조달하려는 수요가 나타나고 있습니다. 이는 발전 설비와 전력망 투자에 안정적인 현금흐름을 제공하는 기반이 됩니다. 과거 독일에서 재생 에너지 전력의 약 40% 이상이 장기 계약 기반으로 거래되며 민간 투자가 확대된 경로가 국내에서도 반복될 가능성이 큽니다.

두 번째 변화는 전력망 투자에 대한 제도적 접근 방식입니다

해외 사례를 보면, 대규모 전력망 투자는 대부분 공공이 선투자하고 민간이 활용하는 구조를 취했습니다. 독일은 2010년 이후 송전망 확충에 약 1,000억 유로 이상을 투입했으며, 이 중 상당 부분을 장기 규제 자산RAB 모델로 회수했습니다. 미국 역시 2020년대 들어 연방 차원에서 연간 약 200억~300억 달러 규모의 송전망 투자가 이루어지고 있으며, 이는 재생 에너지 확산의 전제 조건으로 작동하고 있습니다.

한국에서도 '에너지 고속도로' 구상은 이러한 해외 경험을 반영한 것입니다. HVDC와 장거리 송전망을 국가 핵심 인프라로 규정하고, 초기 투자 위험을 공공이 부담한 뒤 민간과 장기적으로 비용을 회수하는 방식이 검토되고 있습니다. 단일 HVDC 노선의 투자 규모가 5조~10조 원 수준에 이르는 점을 고려하면, 향후 10년간 전력망 부문에서만 수십조 원 규모의 안정적 투자 수요가 형성될 가능성이 큽니다. 이는 과거 도로·철도 인프라가 연기금과 보험 자금의 핵심 투자처가 되었던 것과 유사한 흐름입니다.

세 번째 변화는 발전과 소비의 직접 연결을 허용하는 시장 자율화 조치입니다

미국 텍사스는 전력 시장을 비교적 자유롭게 개방하면서 풍력과 태양광 설비가 2010년 대비 약 6배 이상 증가했습니다. 특히 데이터센터와 대형 산업 수요처가 재생 에너지 발전소와 직접 계약을 체결하면서, 송전망 투자와 저장 설비 투자가 동시에 확대되었습니다. 캘리포니아 역시 마이크로그리드와 분산형 자원을 제도권으로 편입하면서, ESS 설치 용량이 2019년 대비 2024년 기준 약 12배 이상 증가했습니다.

한국에서도 RE100 산업단지와 데이터센터를 중심으로 유사한 구조가 형성될 가능성이 높습니다. 용인 반도체 클러스터, 서남권 AI 데이터센터 단지, 새만금·전남권 RE100 산단은 모두 대규모 전력 수요와 재생 에너지 공급을 직접 연결하는 실험장이 될 수 있습니다. 단지 하나당 연간 전력 수요가 1~3TWh에 이르는 경우, 발전 설비뿐 아니라 ESS, 계통 안정화 설비, 전력 관리 소프트웨어에 대한 투자 수요가 연쇄적으로 발생합니다.

산업별로 보면 투자 기회는 발전 설비보다 후방 인프라와 운영 영역에서 더 크게 나타날 가능성이 큽니다. 태양광과 풍력 설비 단가는 지난 10년간 각각 약 80%, 60% 이상 하락했지만, 전력망·ESS·운영 소프트웨어 부문은 아직 초기 확장 단계에 머물러 있습니다. 유럽에서는 재생 에너지 투자 증가에 따라 ESS 시장이 연평균 25% 이상 성장했고, 전력 관리 소프트웨어 시장 역시 연평균 15% 이상의 성장률을 기록했습니다. 국내에서도 유사한 성장 곡선이 예상됩니다.

지역별로는 전남·전북·충남·강원·경북 동해안이 핵심 수혜 지역으로 부상할 가능성이 큽니다. 이들 지역은 재생 에너지 자원 잠재량이 크고, 동시에 5극 3특 전략에 따른 산업 거점으로 지정되어 있습니다. 과거 독일 북부 해안 지역이 해상풍력을 중심으로 인구 감소를 완화하고 지역 세수를 확대한 사례는, 국내에서도 반복될 수 있는 경로를 보여줍니다. 독일 니더작센 주는 해상풍력과 연계된 산업 확대로 지역 고용이 약 15만 명 증가했으며, 지방 재정 수입도 장기적으로 안정화되었습니다.

또 다른 사례는 일본입니다. 일본은 2011년 이후 전력 시장 개편과 함께 지역 전력회사의 역할을 재정의했고, 그 결과 지방 단위 재생 에너지 프로젝트와 소규모 전력 사업자가 빠르게 증가했습니다. 2020년 기준 일본의 지역 전력 사업자는 700개를 넘어섰으며, 이 중 상당수가 태양광·바이오매스·지역 열병합을 결합한 모델을 운영하고 있습니다. 이는 중앙집중형 구조에서 분산형 구조로 이동하는 과정에서 새로운 투자 주체가 등장할 수 있음을 보여줍니다.

재생 에너지 중심의 에너지 전환을 지향하는 이재명 정부의 정책은 새로운 기술의 도입과 확산과 함께 이미 해외에서 검증된 제도와 시장 구조가 국내에 적용되는 과정을 수반할 것입니다. 장기 계약 기반 전력 시장, 공공 선투자형 전력망, 발전과 소비의 직접 연결, 지역 단위 전력 사업자의 등장이라는 네 가지 축은 과거 유럽과 미국, 일본에서 대규모 투자를 가능하게 했던 공통 조건이었습니다. 이재명 정부의 정책 방향은 이 경로를 국내 여건에 맞게 재현하려는 시도로 이어질 걸로 예상됩니다.

투자 기회는 단기간의 설비 확대보다, 이 제도 변화가 만들어내는 장기 인프라 자산과 운영 시장에 집중될 가능성이 큽니다. 과거 민자 고속도로와 브로드밴드 인터넷과 무선 통신망이 그랬듯, 에너지 전환 역시 '누가 먼저 깔고, 누가 오래 운영하느냐'의 문제로 이동하고 있습니다. 이러한 구조 변화가 본격화될 경우, 에너지 전환은 단기 정책 테마가 아니라 한국 산업과 금융 구조를 재편하는 장기 투자 과제로 자리 잡게 될 것입니다.

핵심 정리

- 2030년까지 재생 에너지 약 70GW 확충과 전력망 동시 확대는 발전 설비를 넘어 송·배전, ESS, 계통 운영까지 포함하는 국가 단위 인프라 투자 사이클을 형성합니다.
- 국민성장펀드와 에너지 고속도로 구상은 공공이 초기 위험을 흡수하고 민간 자본을 유도해, 에너지 전환을 단기 정책이 아닌 장기 자산 축적으로 전환하려는 구조적 시도입니다.

향후 핵심 수익 기회는 태양광·풍력 자체보다 전력망, HVDC, ESS, 장기 PPA 기반 프로젝트처럼 현금흐름이 안정적인 인프라 자산에서 확대될 가능성이 큽니다.

전력 시장 규칙 완화와 계약 기반 거래 확대가 본격화되면, 에너지 전환 투자는 과거 고속도로·통신망과 유사한 장기 투자 사이클로 이동할 가능성이 높습니다.

5장

노후에 대비하는 에너지 투자 전략

전기는 늙지 않는다

● 수익률보다 오래 지속되는 현금흐름

연금 부자가 되기 위한 핵심 조건은 높은 수익률이 아니라 오래 지속되는 현금흐름입니다. 기술주와 성장주는 큰 수익을 줄 수 있지만 변동성이 크고, 예금과 채권은 안정적이지만 실질 구매력을 지키기 어렵습니다. 에너지 투자는 이 두 극단 사이에 위치합니다. 전기는 줄일 수 없는 필수재이며, 에너지 인프라는 20~40년의 수명을 전제로 운영됩니다. 장기 계약, 규제 수익, 반복적인 투자 수요가 결합된 구조는 연금 자산이 요구하는 시간성과 잘 맞습니다.

에너지 전환 투자에 성공하려면 역설적으로 미래 주류 에너지 기술을 점쳐서는 안 됩니다. 태양광이냐 풍력이냐, 수소냐 배터리냐의 선택은 결과적으로 변동성을 키우고 자칫 귀중한 자산을 소진시킬 수 있습니다. 연금 자산 관점에서 중요한 것은 누가 비용을 지불하는가, 현금흐름이 얼마나 오래 지속되는가, 정책과 규제가 얼마나 강하게 뒷받침하는가입니다. 이 기준에서 에너지 전환 자산은 세 가지 축으로 정리됩니다.

첫 번째 축은 전력망과 규제형 유틸리티 자산입니다

재생 에너지가 늘어날수록 전력망의 가치는 더 커집니다. 발전 기술은 바뀌어도 전력망은 대체되지 않습니다. 이 성격을 가장 잘 보여주는 기업이 넥스트에라 에너지(티커: NEE)입니다.

넥스트에라 에너지는 미국 최대 규모의 전력 유틸리티이자 재생 에너지 개발사입니다. 규제 전력망 자산과 재생 에너지 발전 자산을 동시에 보유하고 있으며, 매출의 상당 부분이 규제 요금 구조에서 발생합니다. 지난 10여 년간 배당은 꾸준히 증가했고, 이익 변동성은 일반 산업주보다 낮았습니다. NEE를 기술주로 분류하기보다는 전력 인프라 운영사로 보는 게 타당합니다. 이런 종류의 기업들은 연금 포트폴리오에서 채권을 일부 대체할 수 있는 주식 자산이 됩니다.

개별 기업의 주가 변동 리스크를 줄이고 싶다면 글로벌 인프라 ETF가 대안이 됩니다. 대표적인 상품이 iShares Global Infrastructure ETF(티커: IGF)입니다. 이 ETF는 전력, 가스, 수도, 통신 등 필수 인프라 기업을 전 세계적으로 분산 보유합니다. 수익의 상당 부분이 규제 수익이나 장기 계약에서 발생하며, 주가 변동성은 글로벌 주식 평균보다 낮은 편입니다. 연금 자산에서 '기초 체력' 역할을 할 수 있는 자산입니다. 기술 변화에 베팅하지 않고, 인프라 유지 자체에 투자하는 구조입니다.

두 번째 축은 재생 에너지 발전과 장기 계약 자산입니다

과거 재생 에너지는 보조금 의존 산업으로 인식됐습니다. 현재는 다릅니다. 대규모 태양광과 풍력 프로젝트는 대부분 15~25년 장기 PPA를 전제로 금융이 조달됩니다. 전력 가격 변동 위험이 줄어들고, 현금흐름의 예측 가능성이 높아졌습니다.

이 흐름에 노출되는 대표적인 상품이 iShares Global Clean Energy ETF(티커: ICLN)입니다. 이 ETF는 글로벌 재생 에너지 발전사와 장비 기업을 포함합니다. 단기 변동성은 큽니다. 따라서 연금 포트폴리오에서 핵심 자산이 아니라 성장 엔진으로 배치하는 것이 적절합니다. 재생 에너지 비중 확대라는 구조적 흐름에 참여하되, 비중은 관리해야 합니다.

세 번째 축은 에너지 전환의 후방 인프라입니다

전력망, 전력 관리, 자동화, 데이터센터 전력 솔루션이 여기에 해당합니다. 이 영역은 기술 변화의 수혜를 받지만, 동시에 설비 교체와 유지 수요가 반복됩니다. 대표적인 기업이 슈나이더 일렉트릭(티커: SU.PA)입니다.

슈나이더 일렉트릭은 전력 관리, 자동화, 데이터센터 전력 솔루션에서 시장을 선도하는 기업입니다. 에너지 전환과 디지털화가 동시에 진행될수록 관련 수요가 늘어나는 구조입니다. 슈나이더의 매출은 단일 기술 유행보다 인프라 투자 사이클에 더 밀접하게 연동됩니다. 성장주처럼 보이지만, 실질적으로는 산업 인프라 서비스 기업입니다.

주식 비중을 더 낮추고 싶다면 에너지 전환 채권 자산을 고려할 수 있습니다. 대표적인 상품이 iShares Global Green Bond ETF(티커: BGRN)입니다. 이 ETF는 재생 에너지, 전력망, 친환경 인프라 프로젝트에 사용되는 녹색채권을 담고 있습니다. 수익률은 글로벌 국채 평균보다 높고, 변동성은 주식보다 낮습니다. 에너지 전환에 참여하면서 포트폴리오의 안정성을 유지하려는 투자자에게 적합합니다. 연금 자산에서 현금흐름 안정 장치로 활용할 수 있습니다.

이 다섯 가지 상품은 각각 다른 역할을 합니다. NEE와 IGF는 안정성과 지속성을 담당합니다. ICLN과 슈나이더 일렉트릭은 전환의 성장성을 반영합니다. BGRN은 변동성을 완충합니다. 중요한 점은 이들을 같은 비중으로 담지 않는 것입니다. 연금 자산은 시간에 따라 비중이 이동해야 합니다.

은퇴까지 20년 이상 남아 있다면, 규제형 인프라와 유틸리티 40~45%, 재생 에너지 및 전환 산업 35~40%, 채권형 전환 자산 15~20% 구성이 현실적입니다. 은퇴가 가까워질수록 성장형 비중을 줄이고, 규제형 자산과 채권 비중을 늘리는 방식이 합리적입니다. 에너지 전환 자산의 장점은 동일한 테마 안에서 이런 조정이 가능하다는 점입니다.

기술주 중심 투자와의 차이는 명확합니다. 기술주는 제품 주기와 경쟁 구도가 빠르게 변합니다. 승자가 바뀌면 자산 가치도 급변합니다. 반면 에너지 인프라는 대체가 어렵습니다. 전력망은 없어지지 않고, 전력 수요는 줄어들지 않습니다. 예금과 채권 중심 투자와도 다릅니다. 예금과 국채는 실질 구매력 방어에 한계가 있습니다. 에너지 인프라는 물가와 요금 구조에 일정 부분 연동됩니다. 인플레이션 환경에서 방어력이 상대적으로 높습니다.

에너지 전환 투자는 '다음 테마'를 맞히는 게임이 아닙니다. 전기화와 에너지 전환이라는 메가 트렌드에 대한 투자입니다. 전력 수요는 데이터센터, 전기차, 전기화되는 산업 공정으로 인해 지속적으로 증가합니다. 늘어나는 전력 수요를 충당하기 위한 설비와 인프라는 다소간의 차이가 있더라도 지속적으로 확충되어야 합니다. 안정적으로 매출이 증가하면 수익성도 방어되며, 이러한 자산 특성은 연금 포트폴리오가 요구하는 조건과 정확히 맞닿아 있습니다.

지역별·섹터별로 보는
에너지 투자 전략

● 에너지 전환을 가장 강하게 시장화한 미국

에너지 전환 투자는 하나의 글로벌 테마처럼 보이지만, 실제로는 국가별 제도와 시장 구조에 따라 전혀 다른 성격을 가집니다. 같은 태양광과 풍력이라도 어느 나라에서, 어떤 규칙 아래, 어떤 섹터에 노출되느냐에 따라 현금흐름의 안정성과 변동성은 크게 달라집니다. 연금 자산 관점에서는 성장 속도보다 예측 가능성이 중요하며, 이 예측 가능성은 대부분 지역별 제도와 섹터 구조에서 결정됩니다.

미국은 에너지 전환을 가장 강하게 '시장화'한 국가입니다. 정부가 직접 설비를 운영하기보다 세제 인센티브와 규칙을 설계하고, 민간 자본이 장기 계약을 통해 설비를 소유·운영하는 구조가 정착되어 있습니다. 이 때문에 미국 에너지 투자의 핵심은 발전 기술이 아니라, 발전 이후의 운영과 전력 판매 구조에 있습니다. 특히 미국에서는 재생 에너지 확대와 함께 천연가스 기반 전력과 전력망 투자가 동시에 이루어지며, 전력 시스템 전체의 유연성을 키우는 방향으로 자본이 움직입니다.

이런 구조를 잘 반영하는 상품 중 하나가 듀크 에너지(티커: DUK)입니다. 듀크 에너지는 미국 동남부를 중심으로 규제형 전력망과 발전 자산을 운영하는 대형 유틸리티 기업입니다. 재생 에너지 비중을 점진적으로 늘리면서도, 수익의 대부분은 규제 요금 체계에서 발생합니다. 전력 수요가 줄지 않는 한 매출이 유지되는 구조이며, 배당 역시 장기간 안정적으로 지급되어왔습니다. 미국 에너지 시장의 특징인 '느리지만 확실한 전환'이 그대로 반영된 자산입니다.

미국 에너지 전환의 또 다른 축은 전력망과 에너지 인프라 전반에 투자하는 구조입니다. 이때 개별 기업보다 유용한 접근은 섹터 전체에 분산 투자하는 방식입니다. Vanguard Utilities ETF(티커: VPU)는 미국 전력·가스·수도 유틸리티 기업에 폭넓게 투자하는 ETF입니다. 기술 변화나 특정 정책에 베팅하지 않고, 전력 수요 자체에 투자하는 상품에 가깝습니다. 주가 상승 폭은 크지 않지만 변동성은 낮고, 인플레이션 환경에서도 요금 인상 메커니즘을 통해 일정 수준의 방어력을 가집니다. 연금 자산에서 채권 일부를 대체하는 성격으로 활용할 수 있습니다.

● 시장보다 규제가 먼저 움직이는 유럽

유럽으로 시선을 돌리면 분위기는 확연히 달라집니다. 유럽의 에너지 전환은 시장보다 규제가 먼저 움직입니다. 탄소 가격, 재생 에너지 의무 비율, 전력 시장 설계가 장기간 유지되며, 기업은 이 규칙 안에서 투자 결정을 내립니다. 그 결과 유럽에서는 발전 설비 자체보다 전력망, 계통 운영, 장비 공급 기업이 더 중요한 투자 대상이 됩니다.

이 흐름을 반영하는 대표적인 기업이 지멘스 에너지(티커: ENR.DE)입니다. 지멘스 에너지는 발전 설비뿐 아니라 송전, 변전, 전력망 장비에서 강점을 가진 기업입니다. 재생 에너지 비중이 높아질수록 전력망 안정과 계통 투자가 늘어나고, 이 과정에서 반복적인 수요가 발생합니다. 단기 실적 변동은 있지만, 에너지 전환이 멈추지 않는 한 장기 수요가 사라지기 어려운 영역에 자리 잡고 있습니다. 유럽 에너지 투자의 특징인 '성장보다 지속성'을 보여주는 사례입니다.

유럽 전체의 재생 에너지·전력 인프라 흐름에 분산 투자하고 싶다면 iShares STOXX Europe 600 Utilities ETF(티커: EXI1.DE)를 활용할 수 있습니다. 이 ETF는 유럽 주요 국가의 전력·가스 유틸리티 기업을 담고 있으며, 개별 국가 정책 리스크를 완화하는 효과가 있습니다. 유럽은 성장률은 낮지만 정책의 연속성이 높아, 연금 자산에서 안정적인 지역 분산 역할을 합니다.

지역별 차이만큼 중요한 것이 섹터별 차이입니다. 에너지 전환 투자를 논할 때 많은 투자자가 발전 설비에 집중하지만, 실제 장기 수익의 상당 부분은 발전 이후의 단계에서 발생합니다. 전력망, 저장, 제어, 효율화는 설비 교체와 유지 수요가 반복되는 구조이며, 기술이 바뀌어도 수요가 사라지지 않습니다.

이 후방 섹터에 글로벌로 노출되는 상품이 First Trust NASDAQ Clean Edge Smart Grid Infrastructure Index Fund(티커: GRID)입니다. 이 ETF는 전력망 장비, 스마트 계량기, 전력 관리 소프트웨어, 자동화 기업에 투자합니다. 태양광이나 풍력처럼 단가 하락 압박이 강한 분야와 달리, 전력망과 제어 기술은 시스템 복잡도가 높아 가격 경쟁이 제한적입니다. 에너지 전환이 진행될수록 수요가 누적되는 구조입니다.

이 다섯 가지 상품은 지역과 섹터에서 서로 다른 역할을 합니다. 듀크 에너지와 VPU는 미국 시장의 규제형 안정성을 대표합니다. 지멘스 에너지와 EXI1.DE는 유럽의 제도 기반 전환을 반영합니다. GRID는 지역을 가리지 않고 전력 시스템 전반의 복잡성 증가에 투자합니다. 이들은 서로 대체 관계가 아니라 보완 관계입니다.

연금 자산 관점에서 지역별 차이는 수익률보다 리스크 분산의 의미가 큽니다. 미국은 시장 기반이라 변동성이 존재하지만 성장 동력이 강하고, 유럽은 성장 속도는 느리지만 규칙이 쉽게 바뀌지 않습니다. 섹터별로는 발전 설비보다 전력망과 운영, 관리 영역이 현금흐름의 지속성이 높습니다.

한국 투자자를 위한
현실적인 에너지 투자 포트폴리오

● 리스크와 안정을 모두 잡은 금융자산

한국 투자자가 에너지 전환을 연금 자산의 관점에서 설계할 때 가장 중요한 질문은 "얼마나 오래 유지할 수 있는가?"입니다. 단기 수익률이나 테마 적중 여부보다, 은퇴 전후 수십 년에 걸쳐 현금흐름이 끊기지 않는 구조가 핵심입니다.

이 관점에서 보면 에너지 투자는 성장주와 채권 사이의 중간 지점이 아니라, 전혀 다른 자산군에 가깝습니다. 전력 수요는 경기와 무관하게 유지되고, 에너지 인프라는 한번 구축되면 20~40년간 운영되며, 정책과 규제가 수익 구조를 뒷받침합니다. 이런 특성은 한국 투자자가 연금 자산을 설계할 때 특히 유리하게 작용합니다.

리스크 감수형과 안정 중시형의 차이는 자산의 종류보다 현금흐름의 성격에서 갈립니다. 리스크 감수형은 설비 투자 확대와 산업 성장에 따른 이익 증가를 감내합니다. 안정 중시형은 성장률이 낮더라도 계약과 규제로 고정된 수익을 선호합니다. 에너지 전환 자산의 장점은 이 두 성향을 하나의 테마 안에서 조합할 수 있다는 점입니다.

먼저, 리스크 감수형과 안정 중시형 모두에서 공통으로 활용할 수 있는 전통 금융자산 세 가지를 정리합니다.

첫 번째는 LS ELECTRIC(티커: 010120)입니다

LS ELECTRIC은 배전·변압·전력 자동화 설비를 공급하는 기업으로, 재생 에너지 확대, 데이터센터 증설, 반도체 공장 전기화의 직접적인 수혜를 받습니다. 이 기업의 수익은 기술 유행보다 인프라 투자 사이클에 연동됩니다. 단기 실적 변동은 존재하지만, 전력 수요가 늘어나는 구조에서 장기적으로 수주 기반이 유지됩니다. 리스크 감수형 투자자에게는 성장 축으로, 안정 중시형에게는 인프라 산업 노출 수단으로 활용할 수 있습니다.

두 번째는 KODEX 신재생 에너지액티브(티커: 385510)입니다

이 ETF는 태양광·풍력·수소·전력기기 관련 국내 기업을 포괄적으로 담습니다. 개별 종목 선택 부담을 줄이면서 에너지 전환 산업 전반에 노출되는 구조입니다. 변동성은 크지만, 정책과 투자 사이클의 방향성이 분명할 때 장기 보유 자산으로 기능할 수 있습니다. 연금 포트폴리오에서는 핵심 자산이 아니라 성장 엔진으로 배치하는 것이 현실적입니다.

세 번째는 한국전력 회사채입니다

한전 회사채는 국채 대비 가산금리를 제공하며, 전력 인프라라는 실물 자산을 기반으로 합니다. 발전·송전·배전이라는 필수 서비스에서 발생하는 현금흐름이 상환 재원이 됩니다. 주식 비중을 줄이고 싶은 투자자에게 연금 포트폴리오의 안정 장치로 적합합니다.

● 인프라 자산에 직접 투자하는 법

전통적인 금융시장 상품과 함께 인프라 자산에 직접 투자할 수 있는 대표적인 상품 두 가지도 활용할 수 있습니다.

첫 번째는 에너지 인프라 리츠(상장 인프라 자산)입니다

대표적인 사례가 맥쿼리인프라(티커: 088980)입니다. 맥쿼리인프라는 가스 배관, 발전, 교통 인프라 등 장기 운영 자산에 투자합니다. 이 자산들의 공통점은 대부분 요금·계약·규제에 의해 수익이 결정된다는 점입니다. 연간 배당 성향이 높고, 현금흐름의 변동성이 낮습니다. 에너지 전환이 진행될수록 기존 인프라의 유지·보강 수요가 늘어나기 때문에, 성장주와 다른 방향의 안정성을 제공합니다. 이는 연금 자산에서 채권과 주식의 중간 역할을 수행합니다.

두 번째는 장기 고정계약 발전소에 직접 참여하는 소액 투자 모델입니다

최근 국내에서는 태양광·풍력·해상풍력 프로젝트에 주민 참여형·일반투자자 참여형 펀드가 늘고 있습니다. 이들 상품의 핵심은 발전소가 20년 안팎의 고정 PPA를 기반으로 운영된다는 점입니다. 전력 판매 단가가 계약으로 고정되면, 매출 변동성이 크게 줄어듭니다. 투자자는 설비 가격 변동이나 전력 시장 가격에 직접 노출되지 않고, 발전소 운영에서 발생하는 현금흐름을 배분받습니다.

이런 상품들은 기업 주식과는 성격이 다릅니다. 주가는 기대와 심리에 따라 움직이지만, 발전소 수익은 햇빛과 바람, 계약 조건에 따라 결정됩니다. 소액 적립식으로 참여할 수 있다는 점에서 연금 자산과의 궁합도 좋습니다. 특히 은퇴 이후 일정한 현금 유입을 원하는 투자자에게 실질적인 대안이 됩니다.

● 생애 주기에 따라 조합하라

이제 이 다섯 가지 자산을 생애 주기에 따라 잘 조합해야 합니다.

은퇴까지 20년 이상 남은 투자자라면, 성장형 자산과 직접 인프라 자산을 동시에 활용하는 전략이 가능합니다. 예를 들어 LS ELECTRIC과 KODEX 신재생 에너지액티브로 성장성을 확보하고, 맥쿼리인프라와 발전소 직접 투자 모델로 현금흐름의 하방을 만듭니다. 여기에 한전 회사채를 더하면 포트폴리오 전체 변동성을 조절할 수 있습니다.

은퇴가 가까워질수록 비중은 자연스럽게 이동해야 합니다. 주식과 ETF 비중은 줄이고, 인프라 리츠와 발전소 직접 투자, 채권 비중을 늘리는 구조가 합리적입니다. 중요한 점은 에너지 테마를 버리지 않고 성격만 바꾸는 것입니다. 성장에서 안정으로 이동하되, 같은 산업 안에서 이동합니다.

이 구조가 기술주 중심 투자와 다른 이유는 대체 가능성입니다. 기술주는 승자가 바뀌는 경우가 많습니다. 그 경우 패한 기업의 주가는 폭락하고 자산 가치가 급변합니다. 반면 전력망, 발전소, 에너지 인프라는 사라지지 않습니다. 예금·국채 중심 투자와도 다릅니다. 인프라 자산은 물가와 요금 구조에 일정 부분 연동되며, 인플레이션 환경에서 방어력이 있습니다. 전력은 다음 세대에도 필요합니다. 발전소와 전력망은 다음 정부에서도 운영됩니다. 이 점에서 에너지 인프라 자산은 한국 투자자에게 현실적인 연금 자산 중 하나입니다.

에너지 전환 시나리오별
포트폴리오 구성

● 여러 시나리오를 고려하라

에너지 전환 투자에서 전환의 속도와 경로를 하나로 가정하는 건 위험합니다. 연금 자산을 단일 시나리오에 베팅할 경우 불확실성에 크게 노출됩니다. 에너지 전환은 결국 완성되겠지만 어떤 경로와 속도로 진행될지는 단언하기 어렵기 때문입니다.

따라서 에너지 전환을 고려한 투자 포트폴리오는 '어떤 시나리오에서도 무너질 가능성이 낮은 자산'과 '특정 시나리오에서 수익을 키우는 자산'을 구분해 설계해야 합니다. 이 구분이 명확할수록 더 나은 성과를 기대할 수 있습니다.

앞에서 살펴보았듯 에너지 전환 경로는 크게 세 가지로 나눌 수 있습니다. 정책과 투자가 빠르게 집행되는 빠른 전환 경로, 정치·재정 제약으로 속도가 제한되는 현상 유지 경로, 그리고 초반에는 지연되지만 2030년대 중반 이후 규제와 기술이 맞물리며 급격히 가속되는 경로입니다. 이 세 경로 중 어느 하나도 배제하기 어렵습니다. 따라서 연금 포트폴리오는 특정 경로를 맞히는 구조가 아니라, 서로 다른 시나리오에서도 현금흐름이 유지되는 구조여야 합니다.

세 시나리오를 관통해 공통적으로 필요한 자산은 분명합니다. 전력망, 규제형 유틸리티, 장기 계약 기반 인프라 자산입니다. 전환 속도가 빠르든 느리든 전력 수요는 증가하고, 기존 전력 시스템은 유지·보강되어야 합니다. 재생 에너지가 늘어날수록 오히려 전력망과 계통 자산의 필요성은 커집니다.

이 영역의 자산은 성장률은 제한적일 수 있으나, 규제 요금이나 장기 계약을 통해 현금흐름의 지속성이 높습니다. 연금 포트폴리오 기준으로 보면 이러한 자산이 전체의 약 40~50%를 차지하는 것이 합리적입니다. 이는 어떤 시나리오에서도 하방을 지켜주는 역할을 합니다.

빠른 전환 경로에서는 자산 성과의 차이가 가장 분명하게 나타납니다. 재생 에너지 설비와 전력망, 저장 설비 투자가 동시에 확대되며, 설비 확대에 직접 연동되는 기업과 자산의 실적이 빠르게 개선됩니다. 이 경우 성장형 인프라 자산의 기여도가 커집니다. 재생 에너지 발전사, 전력기기·자동화 기업, ESS와 그리드 운영 관련 기업이 대표적입니다. 포트폴리오 구성에서는 안정형 자산을 약 45% 유지한 상태에서, 성장형 인프라와 전환 산업 비중을 40% 수준까지 확대하는 접근이 가능합니다.

다만 이 구간에서도 단일 기술에 집중하는 것은 위험합니다. 태양광, 풍력, 배터리 중 어느 기술이 우위에 설지를 맞히기보다, 설비 확대와 전력 시스템 확장 자체에서 반복 수요가 발생하는 영역에 노출되는 것이 변동성을 줄이는 방법입니다.

현상 유지 경로에서는 전환이 멈추지는 않지만 속도가 제한됩니다. 이 경우 가장 취약한 자산은 정책 기대에만 의존한 성장주입니다. 반대로 성과가 유지되는 자산은 규제 수익과 계약 수익이 확정된 인프라 자산입니다. 장기 PPA를 보유한 발전 자산, 전력망 운영 자산, 인프라 리츠의 상대적 매력은 오히려 커집니다. 포트폴리오에서는 안정형 자산 비중을 55~60%까지 높이고, 성장형 자산은 25% 내외로 관리하는 구성이 현실적입니다. 이 시나리오에서 연금 자산의 목표는 수익 극대화가 아니라 자본 보전과 현금흐름 유지입니다.

2035 가속화 경로는 초반 정체 이후 중반부터 급격히 속도가 붙는 구조입니다. 이 경우 초기에는 성장 자산의 성과가 제한적일 수 있으나, 임계점을 넘는 순간 옵션 가치가 있는 자산의 성과가 크게 나타납니다. 전력망 확장, 대규모 재생 에너지 집적, 저장과 계통 기술 투자가 한꺼번에 늘어나며 중장기 성장 자산의 가치가 재평가됩니다. 이 경로에서는 안정형 자산으로 시간을 벌면서, 가속 국면에 맞춰 성장 자산 비중을 점진적으로 늘리는 전략이 유효합니다. 포트폴리오 기준으로는 안정형 자산 50%, 성장·옵션 자산 35%, 현금성 자산 15% 정도가

균형에 가깝습니다.

세 시나리오를 비교하면 공통된 결론이 도출됩니다. 에너지 전환 투자에서 중요한 것은 '언제 가속될지'를 맞히는 능력이 아니라, 어느 경로에서도 연금 자산이 유지되도록 구조를 짜는 능력입니다. 이를 위해서는 공통 자산을 기반으로 두고, 시나리오 민감 자산은 비중으로 조절해야 합니다. 공통 자산은 전력망과 규제형 유틸리티, 장기 계약 인프라입니다. 시나리오 민감 자산은 재생 에너지 설비, 저장, 전환 기술입니다.

에너지 전환 투자의 강점은 이 구분이 상대적으로 명확하다는 점입니다. 기술주나 성장주 투자에서는 승자가 바뀔 때 포트폴리오가 크게 흔들릴 수 있지만, 에너지 인프라는 어느 시나리오에서도 사라지지 않습니다. 전환이 빠르든 느리든 전력은 필요하고, 전력망은 유지되어야 합니다. 이 구조를 이해하고 활용할 때, 에너지 전환 투자는 단기 테마가 아니라 장기 연금 자산의 한 축으로 기능할 수 있습니다.

조급함의 시대에 오래 작동하는 선택

책을 마무리하는 2026년 2월의 투자 환경이 안정적이라고 보기는 어렵습니다. 금리, 지정학, 기술 변화가 얽히며 시장은 하루에도 여러 번 방향을 바꿉니다. 많은 사람의 마음이 급해진 것도 무리는 아닙니다. 짧은 시간 안에 투자 성과를 내고 싶고, 뒤처지고 싶지 않다는 압박도 큽니다. 하지만 이 조급함이 장기 자산을 운용하는 데 도움이 되는지는 다른 문제입니다. 특히 20년, 30년의 시간을 전제로 하는 연금 자산이라면 더욱 그렇습니다.

변동성이 큰 자산 위주의 포트폴리오를 오랜 기간 안정적으로 유지한다는 건 생각보다 훨씬 어렵습니다. 이론적으로는 가능해 보이지만, 실제로는 감정이 개입합니다. 급등할 때는 더 사고 싶어지고, 급락할 때는 버티기 어렵습니다. 단기 수익률을 중심에 두는 투자 방식은 시간이 길어질수록 투자자의 판단력을 갉아먹는 경우가 많습니다. 일시적으로는 성공할 수 있어도 길게 보면 한두 번의 큰 투자 실패로 원금도 못 건지는 경우를 많이 봅니다. 연금 자산이 흔들리는 가장 흔한 이유는 시장이 아니라, 시장 앞에서 흔들리는 사람의 마음입니다.

이 지점에서 에너지 투자는 분명한 대비를 이룹니다. 에너지 투자가 늘 흥미롭거나 빠르게 오르는 자산이어서가 아닙니다. 오히려 그 반대에 가깝습니다. 전력과 에너지 인프라는 눈에 띄는 서사가 적고, 화려한 기술 이야기로 포장되기 어렵습니다. 대신 느리게 움직이고, 오래 작동합니다. 바로 이 점이 연금 자산과 맞닿아 있습니다. 연금은 흥분을 요구하지 않고, 인내를 요구합니다.

그러나 에너지 투자, 그중에서도 에너지 전환에 대한 선제적인 투자를 연금 자산 형성의 방안 중 하나로 제시한 이유는 단지 안정성 때문만은 아닙니다. 수익률만을 기준으로 한 투자는, 우리가 직면한 더 큰 문제 해결에 기여하기 어렵습니다.

기후위기는 더 이상 추상적인 미래 위험이 아닙니다. 이미 물가, 보험료, 주거 비용, 재정 부담의 형태로 현재의 삶에 스며들고 있습니다. 이 부담은 시간이 갈수록 커질 가능성이 높고, 고정 소득에 의존하는 노년층에게 더 가혹하게 작용할 수 있습니다. 러·우 전쟁 때 난방비와 전기요금 급등으로 겨울철 난방도 못하고 추위에 떨어야 했다는 영국의 많은 연금 생활자들의 고통이 우리의 미래가 되지 않으리라는 보장은 없습니다.

수익률만 바라보는 투자는 기후위기와 에너지 전환 문제를 해결하지 못합니다. 오히려 이러한 수익률 지상주의가 당연하게 여겨질수록 기후위기 문제가 방치되고 결국 사회 전체가 돌이킬 수 없는 피해를 볼 가능성이 높아집니다. 반면 에너지 전환에 대한 적극적인 투자는 완벽한 해법은 아니더라도, 문제가 더 악화되는 걸 막고 흐름을 바꿀 수 있는 중요한 선택지 중 하나입니다. 자본이 어디로 흘러가느냐는 산업의 우선순위와 정책의 실행력을 바꿔 왔습니다. 이는 이상적인 주장이 아닙니다. 과거 역사에서 반복적으로 확인할 수 있는 사실입니다.

20년 전을 돌아보면 이 점은 더 분명해집니다. 2025년 말 기준 전 세계적으로 집행된 발전소 투자 중 80% 이상이 재생 에너지 발전소입니다. 하지만 재생 에너지 기술이 지금의 수준에 이르기까지는 오랜 시간이 필요했습니다. 20년 전 태양광과 풍력 발전은 비싸고, 비효율적이며, 수익성이 불확실해서, 주류 발전원이 되기는 힘들다는 평가가 지배적이었습니다.

그럼에도 불구하고 일부 국가들은 이를 정책적으로 지원했고, 일부 자본들은 그 가능성에 투자했습니다. 그 선택이 없었다면 오늘의 기술 성숙과 산업 확장은 불가능했을 것입니다. 재생 에너지를 넘어 에너지 전환 전체를 얼마나 힘있게 추진할 수 있느냐 역시 같은 선택의 기로에 서 있습니다. 이 분야에 대한 지금의 투자는 당장의 완성품을 사는 일이 아닙니다. 다음 10년과 20년을 준비하는 투자입니다.

투자자들의 수익에 대한 태도는 중요한 차이를 만듭니다. 에너지 투자를 '착한 투자'로 포장할 필요는 없습니다. 동시에 단기 수익을 보장하는 해법으로 과장할 필요도 없습니다. 다만 분명한 것은, 연금 자산을 준비하는 과정에서 에너지 전환을 외면하는 선택 역시 중립적이지 않다는 점입니다. 그것은 현 체제가 만들어낼 비용과 위험을 그대로 받아들이겠다는 선택에 가깝습니다.

우리 개개인이 "그건 내가 책임질 문제는 아니다"라고 생각하며 외면하면, 그 짐은 결국 우리 모두와 우리의 자녀들과 후배들에게 떨어지게 됩니다. 투자는 개개인의 이익을 위한 일이지만, 공동체의 번영과 공공의 목적을 외면하는 태도는 모두를 패자로 만들 것입니다.

더 나은 미래를 이야기할 때, 우리는 종종 너무 큰 말부터 꺼냅니다. 그러나 실제로 필요한 것은 조금 더 현실적인 질문입니다. 내가 준비하는 노후 자산이 수십 년 후 어떤 사회 위에서 작동할 것인가, 그 사회가 감당해야 할 비용은 어떻게 구성될 것인가 하는 질문입니다. 기후위기가 심화된 사회에서의 노후는 지금 우리가 상상하는 안정성과는 거리가 멀 수 있습니다. 에너지 가격의 급변, 재정 압박, 사회적 갈등은 모두 노후의 질과 직결됩니다.

이 책에서 에너지 투자를 강조한 이유는 바로 여기에 있습니다. 에너지 투자는 연금 자산을 키우는 수단이면서, 동시에 그 연금이 작동할 환경을 조금이라도 안정시키려는 선택입니다. 개인의 이익과 사회적 과제가 완전히 분리되지 않는 드문 영역입니다. 그렇다고 해서 모든 책임을 개인 투자자에게 전가하자는 이야기는 아닙니다. 다만 자본의 흐름에 참여하는 주체로서, 어떤 방향이 더 합리적인지에 대한 판단은 필요합니다.

2026년의 시장은 빠르고, 자극적이며, 선택을 재촉합니다. 그러나 연금의 시간은 다릅니다. 연금은 속도가 아니라 지속성을 요구합니다. 이 긴 시간 위에서 에너지 전환은 단기 유행이 아니라 구조적 변화로 자리 잡고 있습니다. 전력 수요는 늘어나고, 인프라는 계속 필요하며, 그 비용은 누군가가 부담해야 합니다. 그 부담을 마주하는 방식이 바로 투자 방식의 차이로 드러납니다.

저의 제안을 한 문장으로 축약할 수 있습니다. 더 빨리 수익을 내려는 욕심을 조금 줄이고, 더 오래 작동하는 자산을 선택하자는 제안입니다. 도파민을 자극하는 급등락 자산에 대한 흥분이 아니라, 더 많은 시간 동안 변동을 견딜 수 있는 구조에 투자하자는 제안입니다. 그리고 가능하다면, 그 선택을 기후위기라는 공동의 문제를 해결하는 방향과 일치시키자는 제안입니다.

에너지 투자가 모든 사람의 연금 자산 형성에 최선의 해답은 아닐 수 있습니다. 하지만 연금 자산을 준비하는 사람이라면, 그리고 다음 세대가 감당해야 할 부담을 완전히 외면하고 싶지 않다면, 이 선택을 진지하게 검토할 이유는 충분합니다. 더 나은 미래는 낙관에서 나오지 않습니다. 더 나은 길을 선택하려는 의지에서 시작됩니다. 에너지 투자는 그 의지를 현실의 자산 배분으로 옮길 수 있는, 몇 안 되는 경로 중 하나입니다.

KI신서 16169

연금 부자 되는 에너지 투자

1판 1쇄 발행 2026년 3월 18일
1판 2쇄 발행 2026년 4월 1일

지은이 권효재
펴낸이 김영곤
펴낸곳 ㈜북이십일 21세기북스

출판부문 출판2본부장 윤서진
미래기획팀장 유현기 **미래기획팀** 심세미
디자인 푸른나무 디자인
마케팅팀 유진선 이수진 김설아
마케팅영업부문 정지은
영업팀 김지윤 강경남 김도연
e-커머스팀 장철용 명인수 황성진
제작팀 이영민 권경민

출판등록 2000년 5월 6일 저1406-2003-061호
주소 (10881) 경기도 파주시 회동길 201(문발동)
대표전화 031-955-2100 **팩스** 031-955-2151 **이메일** book21@book21.co.kr

(주)북이십일 경계를 허무는 콘텐츠 리더

21세기북스 채널에서 도서 정보와 다양한 영상자료, 이벤트를 만나세요!
페이스북 facebook.com/jiinpill21 　　**포스트** post.naver.com/21c_editors
인스타그램 instagram.com/jiinpill21 **홈페이지** www.book21.com
유튜브 youtube.com/book21pub

서울대 가지 않아도 들을 수 있는 **명강**의! <서가명강>
'서가명강'에서는 <서가명강>과 <인생명강>을 함께 만날 수 있습니다.
유튜브, 네이버, 팟캐스트에서 '서가명강'을 검색해보세요!

ISBN 979-11-7357-869-4　03320